MÉXICO
EN EL
PRECIPICIO

MACARIO SCHETTINO

MÉXICO
EN EL
PRECIPICIO

EL FRACASO ECONÓMICO DE LA 4T

Ariel

ÍNDICE

Introducción

Este libro presenta una revisión de las principales políticas públicas, programas y proyectos de la Administración de Andrés Manuel López Obrador. Tiene su base en cifras oficiales (hasta donde existen) o estimaciones públicas o propias. La idea central es comprender lo que significan estas decisiones, sus costos y beneficios, y con ello plantear el escenario más factible a corto plazo.

Inicia con una secuencia de viñetas, que se refieren a López Obrador antes de su llegada a la presidencia. Narro experiencias propias y hago uso de artículos periodísticos que publiqué en su momento. En los siguientes capítulos se analiza el tema del aeropuerto (Capítulo 2. Llegando mal), la obsesión con el petróleo (Capítulo 3. El peso del pasado), la necedad de la electricidad (Capítulo 4. Cadena de errores), la política de desarrollo social (Capítulo 5. Primero el Sureste), y la situación de las finanzas públicas (Capítulo 6. La quiebra). Cierra con una revisión de la destrucción institucional (Capítulo 7. Destruyendo el futuro), que, a diferencia de los capítulos anteriores, no es un tema esencialmente económico, pero sin duda sí es de mayor relevancia para el futuro.

Por su carácter coyuntural, el libro es breve, y se intenta hacer énfasis en lo más importante de cada caso. Seguramente habrá mucho que pudo incluirse y que aparecerá en análisis históricos posteriores. Hasta donde fue posible, se buscó no calificar en exceso las decisiones.

Espero que el libro sea útil para entender mejor lo que ocurre y, sobre todo, para empezar a preparar lo que sigue, que no será nada sencillo.

Coyoacán, abril de 2022

Capítulo 1. Esbozo de AMLO

Conocí a Andrés Manuel López Obrador alguna mañana de septiembre de 1996. Nos invitó a desayunar el ingeniero Cuauhtémoc Cárdenas, cerca de su departamento en Polanco. Había conocido a Cárdenas unos meses antes, pero lo que al parecer lo motivó a invitarme fue la aparición de *Para reconstruir México*, un libro que me publicó Océano a mediados de 1996 y que la izquierda recibió muy bien. El propósito del desayuno era que Cárdenas me presentara al nuevo presidente del Partido de la Revolución Democrática (PRD) y me solicitara apoyarlo como asesor económico de la presidencia del partido. Andrés Manuel traía un ejemplar subrayado. Acepté con gusto. El desayuno terminó rápido: López Obrador debía ir a Los Pinos a saludar a Ernesto Zedillo en su nueva posición, momento que aprovechó para exigirle que cambiara el «modelo económico». Zedillo, con sorna, le contestó que podría considerarlo si acaso el PRD tenía una alternativa.

Iba ya de regreso a mi oficina cuando recibí la llamada de López Obrador; me narró estos hechos y preguntó si era posible construir ese modelo económico alternativo. Cuando le respondí que sí, afirmó que convocaría a los economistas del PRD para que, junto con ellos, diseñáramos dicho proyecto.

A la primera reunión asistieron muchos miembros del PRD, con más o menos conocimiento en economía, que posteriormente abandonaron las reuniones poco a poco. Llegué con mi laptop (entonces una herramienta poco común), en la que podría analizar escenarios fiscales para diferentes opciones de política, algo que no era muy cercano a las discusiones tradicionales sobre esos temas en la izquierda. Algunas sesiones después invité a un amigo cercano, destacado economista, quien me acompañó durante todo este proceso.

Una tarde, cuando las discusiones parecían empantanadas, López Obrador nos reunió y declaró: «El presidente del PRD soy yo, y el modelo económico es el que propone Macario. Ustedes pueden tener opiniones personales al respecto, pero la opinión del partido es la del presidente, que soy yo». Quedé muy sorprendido por esa declaración; me pareció muy autoritaria y pensé que, si bien en ese momento su actitud me resultaba favorable, sería igual de sencillo que en otra ocasión cayese del lado contrario. Sin embargo, ya estábamos a la mitad del proceso electoral de 1997 y no era momento de retirarse, de forma que seguí colaborando con López Obrador el resto del año.

El «Programa para el desarrollo económico con justicia social, 1998-2000» se publicó en febrero de 1997; lo firmaron por el PRD Jorge Calderón, Saúl Escobar, Rosa Albina Garavito, Raúl Livas (†), Andrés Manuel López Obrador, José Luis Manzo, Ifigenia Martínez y Mario Zepeda. Como asesores externos, mi amigo y yo. El documento sirvió como propuesta en la campaña de ese año, que resultó en un triunfo espectacular del PRD: no solo logró obtener una cuarta parte de la Cámara de Diputados, sino también la jefatura de Gobierno del Distrito Federal, en la candidatura de Cárdenas.

A inicios de diciembre el ingeniero Cárdenas me buscó para ofrecerme el puesto de coordinador general de Planeación y

Desarrollo del Gobierno del Distrito Federal, lo cual era un gran honor. Acepté con gusto y avisé al PRD que dejaba de colaborar con ellos a partir de ese mes. Es decir, mi relación directa con López Obrador duró tal vez 14 o 15 meses.

Meses después el ingeniero Cárdenas nos citó a desayunar cierto sábado en la casa de su padre, el general Cárdenas, en las Lomas, para que diversos funcionarios del Gobierno se reunieran con el presidente del partido. Durante ese desayuno, López Obrador intentó convencer a Cárdenas de promover una pensión para adultos mayores (que él mismo implementaría en su gobierno años después). La propuesta no fue respaldada por los responsables de las finanzas, ni por el encargado de Planeación. Aunque tenía muchas virtudes políticas, era evidente que complicaría las cuentas del Gobierno de la ciudad. Conviene recordar que en ese entonces el D.F. no tenía control de su deuda, misma que debía ser aprobada por el Gobierno federal, y una medida como la que proponía López Obrador seguramente tendría consecuencias negativas.

De hecho, algo así ocurrió. Cuando López Obrador, como presidente del PRD, se negó a respaldar la transformación del Fobaproa en el Instituto para la Protección al Ahorro Bancario (IPAB), el Gobierno de Zedillo tomó venganza en contra de la ciudad. La deuda por 5 000 millones de pesos que el Gobierno del D.F. solicitaba para el ejercicio de 1999 no se aprobó, y solo se asignaron 1 700 millones. Los ajustes que tuvieron que hacerse redujeron mucho las posibilidades de Cárdenas rumbo a la elección de 2000, y con ello tuvo que ceder el espacio competitivo a Vicente Fox, que a la postre se alzaría con la victoria.

Recuerdo haberme reunido alguna vez con el ingeniero Cárdenas a finales de 1998 y hablar acerca del enfrentamiento de López Obrador con Porfirio Muñoz Ledo; este último sacaría la peor parte, razón por la cual se retiraría del PRD y buscaría asilo en el foxismo poco después. Si mis recuerdos son correctos, le comenté al ingeniero que me preocupaba que, así como había destruido a Porfirio, Andrés iría luego por él. La respuesta fue el enojo de Cárdenas conmigo.

Ya en 1999 López Obrador me invitó un café en el Sanborns de San Ángel, que ya no existe. Esa noche me comentó que estaba pensando en participar como candidato para la jefatura de Gobierno del año 2000 y quería saber mi opinión. Le comenté que me parecía que no cumplía con el requisito de residencia; además le recordé que él había afirmado ser un líder social, y que al terminar su periodo en la presidencia del PRD se regresaría a Tabasco. Cerré la plática diciendo: «Regrésate a Tabasco, Andrés». Me volvió a buscar unos meses después, con el mismo resultado. Ya por tercera ocasión me citó en las oficinas de Cárdenas en la Roma, sede de la Fundación para la Democracia. En esa ocasión asistí acompañado por mi amigo, el mismo que me había ayudado durante la planeación del programa económico del PRD en 1996 y quien también participó como asesor durante el gobierno de Cárdenas, adscrito a mi oficina. Al llegar, le dije: «Andrés, yo no quiero trabajar contigo. Pero me acompaña mi amigo, excelente economista, gente honesta, que además sí quiere trabajar contigo. Andrés Manuel López Obrador, Carlos Urzúa, los dejo para que platiquen».

No he vuelto a ver a López Obrador desde ese día.

López Obrador compitió en la elección de 2000 por la jefatura de Gobierno del Distrito Federal, aunque no cumplía con el requisito de residencia. Frente al riesgo de que se victimizara, se le permitió participar.

Ganó por un puñado de votos que pudieron haberse impugnado, considerando que el Partido Acción Nacional (PAN) había obtenido un mayor número de votos en las elecciones legislativas de la misma entidad. Sin embargo, Santiago Creel, el candidato derrotado, fue convocado por Vicente Fox a la Secretaría de Gobernación; prefirieron olvidarse de la impugnación para evitar un conflicto poselectoral como el que se había vivido en Tabasco unos años antes, cuando López Obrador había perdido.

El gobierno de López Obrador en la capital del país fue bastante mediano, pero tuvo dos grandes aciertos. Por un lado, la pensión para los adultos mayores que había propuesto a Cárdenas sin éxito; por otro, una conferencia de prensa todos los días a las seis de la mañana. Con ella podía imponer la agenda mediática, en especial debido a su muy buena relación con los periodistas de la «fuente», que cuidó con esmero. Para financiar la pensión, el Gobierno de la ciudad entró en un periodo de austeridad que impidió hacer cualquier otra cosa, hasta que, en una entrevista radiofónica con José Gutiérrez Vivó (el noticiero más escuchado), se le ocurrió decir que haría un segundo piso al Periférico cuando este lo increpó acerca de los problemas de tráfico. No era un proyecto del Gobierno, ni lo había platicado con nadie; se le ocurrió ahí, y cuando su secretario de obras fue entrevistado al respecto, no tenía la menor idea de la noticia. De hecho, se negó a hacerse cargo de ese proyecto, que tomó entonces la secretaria de Medio Ambiente de la ciudad, Claudia Sheinbaum.

Financiar esa obra exigió un mayor esfuerzo en las finanzas públicas de la ciudad, las cuales poco a poco fueron perdiendo margen para llevar a cabo mantenimiento en infraestructura y mobiliario urbanos, en el sistema de transporte e incluso en agua y drenaje. Para ilustrar lo ocurrido durante el gobierno de López Obrador y el impacto de sus decisiones, la figura 1 muestra el gasto corriente del Gobierno del D.F. (ahora Ciudad de México) entre 1998 y 2008. Observe la contracción en el gasto de operación de la ciudad entre 2000 (último año de Cárdenas, en realidad de Rosario Robles) y 2005, el año en que López Obrador dejó el cargo (en 2006 el jefe de Gobierno fue Alejandro Encinas). Primero se detiene el crecimiento, luego se reduce (en 2003), y al final de la administración de AMLO es casi igual al inicio, lo que implica una contracción, en términos reales, de 17%. En cambio, las transferencias tuvieron un incremento real de 35% en ese mismo periodo. El Gobierno dejó de hacer su trabajo para repartir recursos.

Figura 1. Inversión y gasto en delegación y «sector paraestatal»

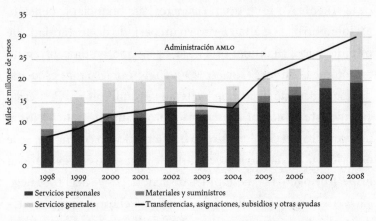

Fuente: Con datos del Inegi.

Eso era precisamente lo que nos preocupaba cuando López Obrador propuso la medida al Gobierno de Cárdenas: que los regalos y dádivas, muy útiles para ganar elecciones, terminaran comiéndose el presupuesto de la ciudad, provocando problemas mayores. Así ocurrió, como lo muestra la figura 2. En ella aparecen las transferencias, medidas como proporción del gasto total del Gobierno de la ciudad. De una proporción promedio de 20% en el gobierno de Cárdenas, al cierre de AMLO había llegado ya a 27%, y superó el 30% del gasto para 2010. Se reduce a partir de entonces porque ya no había cómo mantener ese nivel, pero también porque desde 2007 el Gobierno federal inició el programa «70 y más», que poco a poco se encargó de cubrir al Gobierno de la ciudad.

Pero no fueron solo las pensiones, sino también la construcción del segundo piso que ya comentamos. Aunque la información al respecto permaneció oculta por 12 años y es

FIGURA 2. Inversión y gasto en delegación y «sector paraestatal»

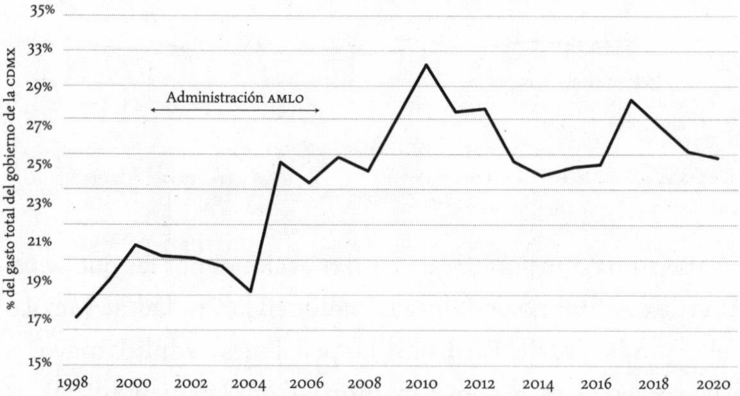

Fuente: Con datos del Inegi.

confuso lo que existe, creo que se puede deducir de la figura 3. En ella aparece el gasto en inversión (las líneas de abajo), y el gasto en delegaciones y en el «sector paraestatal». Incluyo en la gráfica el gasto delegacional porque creo que es la referencia para identificar un exceso de gasto en el «sector paraestatal» que no tiene explicación. Es muy notorio cómo se separan ambas líneas entre 2002 y 2005, que es justo el periodo en que se construye el segundo piso. Esa diferencia equivale a 12000 millones de pesos.

Figura 3. Inversión y gasto en delegación y «sector paraestatal»

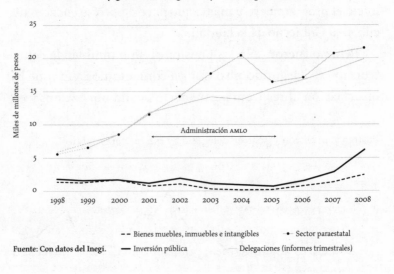

Fuente: Con datos del Inegi.

En suma, me parece que las tres acciones por las que se recuerda el gobierno de López Obrador en la Ciudad de México (el segundo piso del Periférico, las pensiones a adultos mayores y las conferencias de prensa matutinas) son claramente dirigidas a posicionarlo rumbo a la elección de 2006. Fueron exitosas en cierta medida, aunque las primeras dos hayan resultado muy costosas para la ciudad y hubiese podido invertir ese dinero de otra forma. No obstante, lo que de verdad puso a López Obrador en la competencia presidencial fue un evento inesperado que le permitió jugar como víctima: el «desafuero».

Es importante poner en contexto la situación política del momento. El 1 de marzo de 2004 se difundió por televisión un video del secretario de Finanzas del Gobierno de la Ciudad jugando en un área preferencial del casino más importante de Las Vegas. Dos días después, los videos eran de su secretario particular, René Bejarano, recibiendo bolsas de dinero en efectivo. Después, surgió evidencia similar de otros colaboradores, entre ellos Carlos Ímaz, entonces esposo de Claudia Sheinbaum.

López Obrador respondió acusando la existencia de un complot en su contra, que fue la base sobre la cual pudo, dos meses después, descalificar la acusación que la Suprema Corte de Justicia impulsó a través de la Procuraduría por el delito de desacato a una orden suya. Este es el proceso conocido como «el desafuero», mismo que López Obrador logró convertir en una gran victoria política, asumiendo el papel de víctima.

Le presento tres textos míos de esa época, para no contaminar con lo que hoy sabemos sobre lo que ocurrió en aquel entonces. El primero es «La vorágine», publicado en *El Universal*, el 22 de febrero de 2005.

La cruzada de López Obrador ya va llevándose consigo toda la política nacional. No sé si podemos aún identificar las aportaciones que cada quien ha hecho a la locura colectiva. Ayer mismo se publica un desplegado firmado por personalidades de la academia, en donde se insiste en el riesgo, pero se toma partido. El domingo pasado, Miguel Ángel Granados Chapa, en su extensa «Plaza Pública», insiste en el argumento que hace algún tiempo propuso Javier Quijano en *Milenio* que, en esencia, sostiene que «si la sola imputación de una falta tiene como consecuencia el derrocamiento de un gobernante legítimamente electo e impedirle que se postule para cualquier cargo de elección popular sin ser juzgado, sin oportunidad de defensa alguna y con violación de las más elementales garantías de un debido proceso legal, el desafuero es un eufemismo que significa golpe de Estado».

Javier Quijano goza de fama como buen abogado, y el mismo Granados Chapa, de esa formación, acostumbra presentar muy buenos argumentos en sus escritos. Sin embargo, no me es posible aceptar la idea del golpe de Estado. Me explico. El origen del fuero para gobernantes es precisamente evitar el derrocamiento de gobernantes electos con simples imputaciones. De no existir el fuero, López Obrador ya habría sido consignado, y con él casi todos los gobernadores y secretarios de Estado, amén de las cámaras en pleno. El fuero impide que un enemigo político simplemente impute una falta a un gobernante para sacarlo del poder. Es necesario que esa imputación tenga suficiente peso jurídico y político para que el proceso legal, común a los demás ciudadanos, pueda iniciar. El mecanismo con el que se determina si el peso es suficiente o no es el juicio de procedencia, o desafuero. Sin duda, es un mecanismo con un serio defecto: tiene un sesgo político muy marcado. Pero no hay otro procedimiento, al menos por el momento.

Así que, más allá de lo espectacular del argumento de Quijano, se trata de un sofisma. Si acaso, habría que irse al fondo del asunto y discutir si hay o no materia de discusión, cosa que puede resolverse atendiendo al desplegado del Poder Judicial, aparecido el 19 de mayo del 2004, en donde se aclara la secuencia que llevó a la situación en que nos encontramos, incluyendo el amparo de los quejosos originales en contra de la Procuraduría General de la República (PGR), por no proceder desde enero de 2002, hace ya tres años.

Para ponerlo claro: es el Poder Judicial el que determina que no se acató una sentencia. Lo hace en enero de 2002, la PGR no actúa, y se inicia un proceso de amparo, que lleva hasta una orden perentoria del 14 de abril de 2004, dando a la PGR veinte días hábiles para proceder. Así que sí hay fondo, y no parece que la PGR tuviera salida.

Se puede sugerir, ya que no se sostienen los otros argumentos, que no tiene sentido que sea el jefe de Gobierno en persona el sujeto de la acción, puesto que hubo varias autoridades intermedias involucradas, desde el director de Servimet hasta el secretario de Gobierno. *La Revista* nos dice ayer que una estrategia de salida a la crisis política era precisamente modificar el proceso de desafuero dirigiéndolo a Ortiz Pinchetti, quien fue el secretario de Gobierno en el periodo relevante. López Obrador, en un desplante más político que de principios, se negó al acuerdo.

Detrás de este proceso de desafuero está la severa imperfección de nuestro Estado de derecho, al que no se puede apelar porque al mismo tiempo que se lanza contra López Obrador un procedimiento posiblemente correcto, no se hace contra otros políticos de otros partidos, como Estrada Cajigal en Morelos. Está también la muy evidente incapacidad del equipo jurídico del Distrito Federal, que durante tres años perdió todas las instancias. Y seguramente está también un mar de mugre en el que hay acusaciones que prosperan y otras que no. Y están las siempre oportunas narraciones de comidas y reuniones en donde el innombrable, o Diego, o Marta, o quien sea, han insistido en que hay que detener a Andrés. Narraciones que nunca se pueden documentar, que son solo decires.

La manera en que López Obrador ha logrado aprovechar este proceso es, sin duda, admirable. No le ha costado aún nada, y le ha dado a cambio no solo popularidad y visibilidad, sino que lo ha colocado en esa posición de mártir que es tan útil en la política nacional. La polarización alrededor del tema ha llevado a destacados columnistas y académicos a ponerse de un lado del conflicto, ya en el camino electoral. No podrán salir de ahí.

José Eustasio Rivera llamó vorágine a la forma en la que la selva se tragaba la civilización. Una palabra inventada, que da la idea del vórtice del remolino, y a la vez de la verdura ahogando, sofocando, aplastando. En eso estamos, en la vorágine que arrastra consigo todo lo que encuentra, que destruye porque para eso existe.

Ya no hay salida a la crisis. Aunque perdiese en las urnas, ¿cómo se le demostraría?

Un texto más para *El Universal*, del 5 de abril de 2005.

Perder el fuero por no hacerle caso a un juez no debe ser nada agradable. Se entiende, por eso, que Andrés insista en que se trata de una conspiración en su contra, porque aceptar que le ocurre algo que ningún otro gobernante ha permitido antes suena a demasiada incompetencia, o a pura y simple soberbia.

La inmensa oportunidad de escribir tiene también sus costos. Uno de ellos es insistir en opiniones que no son populares, sobre todo entre los colegas. Por razones diversas, un porcentaje muy elevado de opinadores ha decidido apoyar a Andrés. Algunos porque sinceramente creen que él es un buen líder; otros, porque están decepcionados de Fox; unos más, porque ven la posibilidad de encontrar negocios con su gobierno. Hay de todo.

Cuando son tantos colegas con una opinión, se hace difícil sostener lo contrario. Pero en la ciencia, como en el derecho, la verdad no es cuestión de mayorías. En este caso, la evidencia con que podemos contar, que es la presentada por el Poder Judicial, es contundente. Contra los juicios y sentencias de los tribunales, Andrés y su equipo no han presentado pruebas, sino alegatos. Algunos apoyados por grandes abogados que, como todo ser humano, pueden estar muy equivocados.

Todas las autoridades de este país han tenido que enfrentar a los tribunales en algún momento. La inmensa mayoría han acatado las resoluciones, aunque eso les haya costado políticamente. Es el caso de los cientos, o miles, de amparos con los que se mantienen operando antros de mala muerte, taxis piratas, y muchos otros personajes nefastos. Pero si hay un amparo, no se puede hacer nada. Hay que respetar la resolución y continuar el proceso judicial, que puede tardar varios años.

Cuando el caso de El Encino se hizo público, hace ya un año, la gente de Andrés insistió, durante meses, que era una farsa, que la orden judicial de detener los trabajos se había respetado. Sin embargo, frente a la sección instructora lo que se argumentó ya no fue eso, sino que se aceptó que el trabajo en el predio continuó, pero que el responsable no fue Andrés, sino algún subordinado. Lo más frecuente es que se mencionara a José Agustín Ortiz Pinchetti como el funcionario que faltó a los tribunales porque Andrés no firma, sino que deja a otros esa responsabilidad.

Pero el Poder Judicial no pidió castigo para Ortiz Pinchetti, sino para Andrés. Así que los diputados no tienen la posibilidad de saber, con toda certeza, si uno, el otro o ambos son responsables. Eso deberá determinarlo un juez, y podrá hacerlo gracias a que Andrés perderá el fuero el jueves. Ese juez podrá confirmar lo que sostiene el Gobierno del D. F.: que efectivamente no se acató la orden, pero que el responsable no puede ser el jefe de Gobierno, porque él no firma. O tal vez el juez acabe sosteniendo que, firme o no, el jefe de Gobierno es responsable porque solo él toma decisiones, como todos sabemos.

Cómo utilice Andrés este proceso para sus fines electorales es otro asunto. No creo que alguien dude de las grandes habilidades políticas de López Obrador, pero falta ver qué tanto puede aprovechar las circunstancias sin la cobertura de medios que ha recibido durante cuatro años. Sin las «mañaneras», los medios regresarán a sus agendas propias, y el control que ejerció Andrés durante cincuenta meses habrá terminado.

Esta es la verdadera amenaza del desafuero: sin los medios de comunicación, sin el presupuesto del D. F. utilizado políticamente, ¿qué queda de Andrés? ¿Es en verdad el gran líder de la «izquierda nacional»? ¿O es simplemente un personaje muy autoritario, carismático, que por azares del destino quedó en el PRD, partido que está perdido y necesita dirección?

El respaldo que Andrés ha conseguido en los medios forma también parte de su gran habilidad política. Como en los buenos tiempos del régimen de la Revolución, logró el apoyo de periódicos y radio mediante el uso discrecional del presupuesto de publicidad de su Gobierno, e incluso de negociaciones más amplias. Y junto con algunos medios se han ido algunos editorialistas, a los que se han sumado otros que por razones muy diversas, reitero, han decidido apoyar a Andrés, sin hacer caso del Poder Judicial, del sentido común y de toda la evidencia que muestra que Andrés no es más que el último exponente del régimen de la Revolución. O tal vez me equivoco y es precisamente por eso, porque ven en él el regreso a ese pasado tan denostado pero tan seguro, por lo que lo apoyan.

En momentos de amplia polarización, es muy difícil que las razones tengan éxito. Es preferible irse al extremo, y dada nuestra idiosincrasia, elegir el que aparentemente es el más débil. Pero me parece que la obligación de quienes tenemos la fortuna de escribir no es sumarse a la masa, sino ofrecer herramientas para un mejor análisis. Y si el Poder Judicial ha presentado su postura, ¿por qué insistir en el «compló»? Con tanta evidencia que tenemos del desprecio que Andrés ha tenido siempre por la ley, ¿por qué apoyarlo?, ¿porque se ha autodesignado líder de los pobres? ¿Por qué se dejan engañar tan fácil?

Creo que la acusación de la Corte por desacato y la amenaza del desafuero marcan el inicio de la polarización política en México. Una gran cantidad de opinadores profesionales, tradicionalmente «de izquierda», a quienes nunca había gustado mucho Vicente Fox, creyeron muy pronto la versión de López Obrador. Para ellos todo esto era una conspiración («compló», en el léxico de López Obrador) para impedirle participar en la elección de 2006. Otros tratamos de analizar el caso por sus propios méritos, algo que era posible porque la Corte había publicado las sentencias que llevaron a la acusación. Sin embargo, la discusión pública no fue fácil, debido a que se concentró en las interpretaciones que se tenían acerca de las motivaciones políticas de los involucrados y no en los hechos legales.

Aunque escribí columnas como las que aquí incluyo, me parece que el momento más ríspido para mí fue una discusión con Sergio Aguayo en una emisión radiofónica dirigida por Carlos Loret. Él, como tantos otros, aseguraba que se trataba de una conspiración dirigida a impedir a López Obrador participar en la elección de 2006. Yo argumenté que eso no ocurriría, pues aunque el delito de desacato existía, no había pena en la ley, de forma que perdería su puesto como jefe de Gobierno, pero no sus derechos políticos. Por otra parte, me parecía muy claro que López Obrador efectivamente había ignorado las órdenes de la Corte. Eso mostraban los documentos.

La discusión fue acalorada y hubo un momento en que pensé que se resolvería a golpes, pero por fortuna no fue así. En lo que a mí respecta, el producto de esa emisión fue una invitación para participar en la sección «En la opinión de...», que aparecía en el noticiero de Joaquín López Dóriga en Canal 2. No fue Joaquín quien me invitó, sino Leopoldo Gómez, vicepresidente de Noticieros Televisa, quien se interesó por mi participación en radio.

El resultado del proceso es conocido. Se llevó a cabo el «juicio político» en la Cámara de Diputados, el Partido Revolucionario Institucional (PRI) respaldó la acusación y se desaforó a López Obrador. Pocas horas después el procurador renunció, el Gobierno desistió de la acusación y AMLO obtuvo un amplio triunfo mediático: era la víctima.

Sin embargo, visto desde 2022, me parece que el panorama es mucho más claro. Lo que entonces solo notábamos unos pocos, es decir, el desprecio que López Obrador tiene por las leyes y por el Poder Judicial, creo que hoy es ya evidente para todos. De hecho, muchos de los que en aquel entonces lo respaldaron, hoy ya no lo hacen. Algunos se sorprendieron por su reacción frente a la derrota de 2006, unos pocos lo abandonaron en los años siguientes, pero solo ahora, con AMLO en la presidencia, la mayoría por fin entiende su personalidad. Dicen sentirse traicionados, aunque creo que es claro que se engañaron ellos mismos.

Al respecto, ya en franco sarcasmo, escribí «Honor a quien honor merece», también en *El Universal*, 26 de abril de 2005.

Andrés Manuel es el mejor político de México. Tengo esta creencia desde hace ya muchos años. Han pasado casi nueve desde que lo conocí. Justo el día en que exigió a Zedillo cambiar el modelo económico. Habíamos desayunado con Cuauhtémoc Cárdenas, invitados por él. Andrés tenía pocos días como nuevo presidente del PRD, y Cuauhtémoc creía que necesitaba de asesoría en materia económica, precisamente de lo que hablaría con Zedillo unos minutos después.

Casi una década después, no cambia mi impresión. Andrés es uno de los políticos más capaces de México, si no el mejor. No quiero decir con esto que sea una persona inteligente, o de buena fe, o competente como funcionario. Es un excelente político, nada más.

Lo que ha ocurrido en los últimos días es una buena muestra. Andrés ha logrado convencer a muchos de la teoría del complot, incluyendo a cientos de opinadores profesionales. Estos, abandonando la mínima ética profesional, decidieron apoyarlo antes de conocer evidencias. Así, una gran cantidad de colegas han escrito y hablado a favor de Andrés sin saber, a ciencia cierta, de qué están opinando. Han hecho caso omiso de las resoluciones de jueces, tribunales colegiados y de la misma Suprema Corte. Resoluciones que se pueden encontrar en la página electrónica de la Corte misma, y que muestran cómo el Gobierno del Distrito Federal abusó de su poder frente a un particular. Que ese particular tenga seis mil metros cuadrados en Santa Fe, o que su terreno esté en el camino de un hospital, no tiene ninguna importancia. Si ese particular resulta ser amigo de panistas, familiar de Carlos Salinas, o socio de quien sea no debe cambiar nada. Si un Gobierno abusa de un ciudadano, estamos en problemas.

Uno pensaría que fue para evitar ese abuso del Gobierno que luchamos desde hace mucho tiempo. Pero lo que está ocurriendo ahora muestra que no es así. Que muchos nunca han entendido que la democracia solo funciona en el marco del derecho. Y es que millones de mexicanos, incluyendo a cientos de opinadores profesionales, son rehenes de su propia historia. Nacieron, crecieron, aprendieron bajo un régimen político en el que la democracia se definía como la repartición de prebendas al pueblo. Y eso es todo lo que pueden entender, aun hoy. Y piensan que este país no es democrático hoy porque hay miles sin empleo, millones con ingresos muy bajos. Así que nada más democrático que regalar dinero, me imagino.

El régimen de la Revolución fue exactamente eso: un régimen en el que la distribución de prebendas sostenía el poder político. Lázaro Cárdenas mismo, el fundador del régimen, es incapaz de entender la democracia liberal, y en todas las ocasiones en que menciona la palabra en sus apuntes y memorias lo hace asociándola con la distribución de tierra, con el empleo, con la economía.

Así, no es de extrañar que los seguidores de Andrés insistan en comparar lo que hoy ocurre con 1988, o incluso con 1968. Para quien no tiene compromiso político, la comparación es absurda. Pero no sorprende, porque lo que Andrés conoce, de lo que habla, lo que propone, es siempre cosa del pasado. Su libro del proyecto alternativo es una excelente muestra. El pasado como guía del futuro.

Es sin duda grave que quienes tienen como función primordial auxiliar en la formación de opinión lo hagan sin saber de qué están hablando. Es peor cuando medios completos deciden tomar partido, en lugar de actuar como lo que son, instrumentos de reflexión social. Y alcanzamos el peor momento cuando es tanta su conciencia del error, es tanta la evidencia en su contra, que no solo no corrigen, sino que empiezan a perseguir a sus críticos. Los acusan de intolerantes, elitistas, o más fácilmente, neoliberales y tecnócratas. Total, por epítetos no vamos a quedar cortos.

Andrés es un extraordinario político. Ha logrado convencer a cientos de opinadores de un presunto complot, y ha aprovechado la flojera de estos, que les ha impedido investigar a fondo. Le ha podido sumar los desplantes de corresponsales y obispos con una flojera similar. Había ya conseguido el apoyo de miles de ancianos dependientes de sus regalos, de decenas de miles de taxistas, invasores de predios, y comerciantes informales que dependen de la estructura corporativa para ganarse el sustento. En todo esto, la experiencia de quienes han pasado antes por el Gobierno del D.F. ha sido fundamental.

Andrés ahora insiste en que todo este complot resulta de que él, seguramente, ganará la elección en el 2006, y lo quieren impedir. Con ello, establece las bases de una protesta permanente en caso de no tener éxito. Y los medios de comunicación y opinadores que hoy se han doblegado no tendrán, dentro de 15 meses, argumentos para defender la democracia. Hoy mismo han ya rendido honores a su futuro dictador, al prócer equiparable a Madero, a Gandhi, a Mandela.

Honor a quien honor merece. Andrés es un extraordinario político, y sus seguidores merecen tenerlo como guía. No me queda más que desearles suerte.

La idea de que López Obrador es un genio de la política, el mejor político de su generación, el líder más importante de México, me parece errada. Como es claro en el texto previo, desde 2005 creí que, más que un gran líder político, era un gran embaucador, y que a través de voces con tribuna había logrado construir una imagen muy diferente de la realidad. Fue esa imagen la que lo llevó a un paso del triunfo en 2006. Pero fue la realidad, su incapacidad de hacer política, de negociar, de construir alianzas, lo que le impidió ganar. Como ha sido su costumbre, no aceptó su derrota y argumentó fraude, algo que jamás logró probar.

Sobre la elección de 2006 hay mucho ya escrito, de manera que solo quisiera compartir con usted un par de artículos que escribí entonces. El primero, que tal vez haya sido el que más molestó a sus seguidores, es «La derrota del actor», publicado en El Universal el 11 de julio de 2006.

Desde hace meses se intentó caracterizar a la elección presidencial como una lucha entre izquierda y derecha. A mí me parece una división absurda, que buscaba, por parte del equipo de López Obrador, aprovechar la buena imagen que, en lo general, tiene el concepto abstracto de izquierda, y de paso poderle cargar a sus adversarios las fallas normalmente asociadas al igualmente abstracto concepto de derecha. Entre ellas, con mucha frecuencia se acusa a esta de hipócrita.

Es cuando menos llamativo que sea ahora López Obrador, y su coalición, la fracción hipócrita. Este término viene del griego, en donde significa «actor», pero su uso normal en español se refiere a quien miente, a quien engaña, a un farsante. Y eso es lo que ahora está resultando el candidato perredista, frente a una derrota que no esperaba.

El domingo de la elección, no hubo reportes de irregularidades, ni queja alguna, porque López Obrador pensaba que iba a ganar. Es más, estaba seguro. Tanto, que su muy cercano asesor, Manuel Camacho, publicó en estas páginas, el lunes 3 de julio, un artículo escrito precisamente en ese espíritu. Un artículo que iniciaba diciendo «los ciudadanos han triunfado» y terminaba diciendo que el mandato del pueblo es «a favor del diálogo nacional y la concertación». Y así es, pero con el otro candidato. ¿No es hipócrita, es decir farsante, escribir un texto así pensando en ganar, para hablar diferente cuando se pierde?

Con toda facilidad, López Obrador acusó al IFE [Instituto Federal Electoral] de haber desaparecido tres millones de votos. Pero él sabía, y sabía su equipo, que esos votos estaban en las casillas con inconsistencias. Porque así ha sido desde el 2000, y porque ellos mismos, en la noche del domingo, estuvieron revisando la información de esas actas. Es decir: sabía en dónde estaban esos tres millones de votos, pero mintió acusando al IFE de desaparecerlos, para poder argumentar un fraude inexistente.

Al día de hoy, los perdedores siguen hablando del PREP, cuya vida es tan efímera que el miércoles dejó de tener importancia. Insisten en fraudes informáticos, a sabiendas de que el miércoles pasado los distritos electorales contaron acta por acta y con frecuencia voto por voto, sin pasar nunca por ninguna computadora. El conteo distrital, para el que no lo sepa, es a mano. ¿Por qué, si no para mentir, se sigue hablando de fraude informático?

Más aún, insiste López Obrador en que el PREP estuvo manipulado, porque Felipe Calderón empezó con ventaja y nunca la perdió. Esto es absolutamente falso, como lo puede comprobar quien quiera, viendo la bitácora de captura de las actas. En donde sí hubo manipulación, clara y transparente, fue en el conteo distrital, en donde los representantes de la alianza de López Obrador frenaron lo más que pudieron el conteo en los distritos en donde perdían, para que durante buena parte del conteo estuviese arriba su candidato. No solo eso, sino que esperaban que los periódicos cerraran esa noche con la noticia de su ventaja, para que a la mañana siguiente pudiesen argumentar un fraude. Solo el periódico oficial del obradorismo cometió semejante barbaridad.

La doble moral de López Obrador es un asunto aún más grave por la facilidad con que él mismo se califica de tener principios. No solo eso, sino que ha dicho cientos de veces que él no miente. Mintió con los tres millones de votos, miente con el fraude informático, miente con la manipulación del PREP (e implícitamente con la que ellos hicieron en el conteo distrital). Y miente cuando pide un conteo, voto por voto, sin pruebas para obtenerlo.

De hecho, la impugnación que ahora hace la coalición es por las causales abstractas de la elección. Es decir, por cosas que ocurrieron que harían «ilegítima» la elección, aunque López Obrador haya dicho a Denise Maerker, el 28 de mayo, que la elección era legítima y legal, y que reconocería el resultado, cualquiera que este fuera. Más mentiras de López Obrador, el candidato con principios, el que no miente. El hipócrita, más bien.

Nadie niega el derecho a impugnar resultados, pero hay que tener un poco de dignidad. López Obrador no perdió por un fraude, perdió por soberbio, por despreciar cientos de invitaciones, por no asistir a un debate, por callar al presidente, y porque no preparó una estrategia para el 2 de julio. Por eso perdió, y más le valdría asumirlo.

El segundo, publicado una semana después, el 18 de julio de 2006, se tituló «Golpe a la democracia»:

Construir la democracia no ha sido fácil en México. He insistido en varias ocasiones en que no hemos terminado el proceso, y me parece que lo que hoy vivimos es un buen ejemplo de ello. A diferencia de lo que opinan algunos colegas, a mí me parece que lo que está haciendo López Obrador es un claro ataque a la democracia.

No creo que pueda llamarse distinto al intento de golpe que va construyendo, todo con base en mentiras, o en medias verdades, si quiere usted. No ha podido probar, hasta el momento, ninguna de las afirmaciones que ha hecho sobre el proceso electoral. No obstante, estas van creciendo en intensidad. El 2 de julio, la elección había sido limpia, hoy ya es un cochinero.

Me dicen que AMLO sigue jugando dentro de las reglas, porque ha impugnado ante el Tribunal. Pero es necesaria mucha ingenuidad para creer en esto. La impugnación no tiene nada que ver con el discurso. Para solicitar el ya famoso «voto por voto», lo que argumentan es la nulidad de la elección. Dicho de otra forma, lo que López Obrador le dice a sus seguidores en sus grandes marchas, o a través de los medios de comunicación, no tiene relación alguna con lo solicitado al Tribunal. Y lo que se pidió a este no es otra cosa que anular la elección presidencial. ¿Dónde está la democracia en esto?

Para los colegas que pecan de ingenuidad, permítame un ejercicio mental. Supongamos que el Tribunal decida contar los votos. ¿Quién cuenta? No los comités distritales, a los que ya calificó López Obrador de tramposos. Mucho menos el resto del IFE. ¿Quién entonces? Si un nuevo conteo se realizase, López Obrador lo impugnaría, porque nadie es confiable para contar. De hecho, ya dijo con toda claridad que ese conteo no sería aceptable a menos que sea él el ganador. Si fuese Calderón, sería espurio. ¿En verdad creen que este señor es demócrata?

Los votos se cuentan en México el día de la elección. Después de eso, son las actas la prueba jurídica. Y esto es así porque en los tiempos del régimen de la Revolución, las urnas se rellenaban en el camino al comité distrital. Lo que da certeza es, precisamente, que los votos fueron contados por ciudadanos, vecinos de la casilla, sorteados para participar en el proceso. Y que son vigilados por representantes de todos los partidos involucrados, además de por observadores, incluso extranjeros.

El domingo 2 de julio eso fue lo que se hizo, y no hubo, prácticamente, irregularidades. El conteo en los distritos corrigió cosa de tres mil casillas, es decir un millón de votos, y el resultado fue un millar más de votos para Calderón. Una modificación de uno al millar. Esto, aplicado a todos los votos del país significa un cambio de cuarenta mil votos, insuficiente para que el resultado se modifique.

Por eso López Obrador no tiene mayor interés en que se cuenten los votos. Y por eso no es eso lo que realmente está pidiendo al Tribunal. Y por eso no aporta pruebas concretas, sino que construye rumores e infundios. Y en este juego doble, ha tenido algo de éxito en sembrar de dudas la votación. ¿Cómo mejora la democracia con esto?

López Obrador es un autoritario, no un demócrata. Nunca lo ha sido, y eso lo podrían testificar sus compañeros en el PRD, si tuviesen un poco de dignidad. Sobran ejemplos en su tránsito como presidente del partido y después como jefe de Gobierno del D.F. Pero la lucha por el poder y el privilegio eclipsa la razón, no hay duda. Hay, por cierto, decenas de «intelectuales» eclipsados. Basta para ellos la voz del señor, las pruebas no se requieren.

López Obrador está intentando un golpe a la democracia. No solo ha despotricado contra el IFE, los otros partidos, los empresarios, los ciudadanos e incluso sus seguidores. Ahora pretende desacreditar al Tribunal, porque a este no le aportó pruebas que permitan modificar algo. Y cuando el Tribunal valide la elección, López lo hará parte del complot.

Lo dijimos desde antes: López Obrador representa el pasado. No la democracia y el desarrollo, sino el autoritarismo paternalista. Y ya tuvimos medio siglo de eso, y no sirvió para nada.

Como usted sabe, López Obrador ordenó cerrar Reforma en la Ciudad de México, desde el Zócalo hasta el Ángel, aunque no logró obstruir toda esa extensión. Sus seguidores instalaron carpas, pero las ocuparon muy poco tiempo. El bloqueo, sin embargo, se mantuvo hasta mediados de septiembre, cuando el Ejército les ordenó retirarse para llevar a cabo las fiestas patrias. Adicionalmente, López Obrador buscó evitar a toda costa la toma de protesta de Felipe Calderón el 1 de diciembre. La actitud golpista no recibió el respaldo suficiente y se contentó con promover un zafarrancho en la Cámara de Diputados durante el evento, así como un bloqueo permanente de su fracción parlamentaria durante la LX Legislatura (2006-2009).

Esta actitud no fue bien recibida por la población, y López Obrador se convirtió en el político con más negativos en México. Su control al interior del PRD, sin embargo, no se vio mermado, lo cual le permitió, en 2011, amenazar a Marcelo Ebrard con dejarlo solo. Rumbo a la elección de 2012, Ebrard y López Obrador acordaron decidir quién sería el candidato con una encuesta; esta era relevante porque Marcelo había tenido un gran desempeño como jefe de Gobierno, mientras que López Obrador ya estaba en el sótano de las preferencias.

La encuesta constaba de cinco preguntas, y lo que se anunció públicamente fue que AMLO, al haber ganado en tres de ellas, se había convertido en el candidato a la presidencia.[1] En realidad ocurrió al revés: Ebrard tenía ventaja en tres preguntas, pero también tenía enfrente al personaje más agresivo de la política mexicana. Tal vez pensando en la diferencia de edad, y en que habría otra oportunidad, Marcelo se hizo a un lado. Debe seguir arrepintiéndose todos los días.

En la elección de 2012 Marcelo Ebrard hubiese sido capaz de vencer a Josefina Vázquez Mota y a Enrique Peña Nieto, pues habría ocupado con facilidad buena parte del espacio de la primera e impedido el crecimiento que el segundo obtuvo por esa razón. López Obrador, en cambio, apenas alcanzó a ubicarse en un muy lejano segundo lugar. Como de costumbre, arguyó fraude, e incluso intentó demostrarlo con unos chivos y unos borregos.

Se convirtió en un personaje irrelevante, al extremo de que eso facilitó la construcción del Pacto por México y la elaboración de las reformas estructurales, frente a las cuales López Obrador simplemente no apareció. Durante la más significativa de todas, la reforma energética, se anunció que un infarto al miocardio le impediría encabezar la oposición, pero sería su hijo del mismo nombre el encargado de bloquear el recinto parlamentario e impedir su aprobación. No tuvo éxito en ello.

Lo que sí hizo López Obrador frente al Pacto por México fue abandonar el PRD y fundar un nuevo partido político: Movimiento Regeneración Nacional (Morena). En su primera aparición electoral, Morena logró quedarse con la mitad de los votos que anteriormente le pertenecían al PRD, con lo que la izquierda en México parecía regresar a lo de siempre: enfrentamientos internos que diluían su presencia electoral. No obstante, a partir de 2016 ocurrió algo que cambiaría las cosas. Por un lado, la imagen de Peña Nieto, que ya era mala, se deterioró con mayor rápidez, y esa caída se extendió al PRI; por otro, la imagen de López Obrador empezó a repuntar. Sus negativos se redujeron y nuevamente los opinadores profesionales empezaron a encontrarle múltiples virtudes.

Rumbo a la elección de 2018 el PRI no parecía tener ninguna oportunidad, y la decisión parecía quedar entre Ricardo Anaya, candidato de la coalición PAN-PRD-MC, y López Obrador, candidato de Morena-PT. En febrero de ese año, sin embargo, la Procuraduría General de la República acusó a Anaya de estar involucrado en un fraude inmobiliario, y eso dejó el camino libre a López Obrador. Sin competencia, impulsado por las cadenas televisivas y los periódicos, recibiendo todo el apoyo del viejo priismo, López Obrador se encaminó al mayor triunfo electoral en la historia de México (que no tiene una gran historia electoral, por cierto).

A cuatro años de distancia ha caído gran parte de los mitos obradoristas. Sin embargo, muchos siguen creyendo que es un político excepcional, razón por la cual el 2 de mayo de 2022 publiqué en El Financiero la columna titulada «Tampoco»:

Habíamos dicho en estas páginas que el presidente tiene dificultades con muchos temas, y una visión limitada. Pensábamos que si bien su desempeño en economía, relaciones internacionales, política social, administración pública, era deficiente, no había duda de su conocimiento y habilidad en materia política. En una frase, decíamos que lo que entiende y hace bien es el ejercicio del poder político.

La semana pasada, participando en un foro de El Financiero TV, con Enrique Quintana, Salvador Camarena y Federico Berrueto, caí en cuenta que estaba equivocado. En realidad, el desconocimiento y limitaciones del presidente son más amplios de lo que yo pensaba. Tampoco entiende de política, concluí en la semana.

Se trata de una afirmación muy aventurada. Decir que el presidente de la República no entiende de política parece un gran absurdo, pero muchos decían lo mismo de Vicente Fox. En el caso presente, sostener que la persona que ha ganado la presidencia con mayor claridad, y que tuvo desde antes del inicio de su gobierno un control total de la política nacional simplemente no ha sabido utilizar esos recursos, de entrada suena absurdo.

Sin embargo, creo que precisamente ahí se explica mi afirmación. Contaba con mayoría calificada en la Cámara de Diputados y se quedaba corto por poco en el Senado, 21 congresos locales, mayoría absoluta en su triunfo electoral, y ¿qué hizo con eso?

Ha destruido buena parte de lo que habíamos levantado en los 25 años previos, sin duda, pero no ha logrado construir nada a cambio. Hoy mismo, nada de lo que ha hecho tiene posibilidad de sobrevivir. No se usa, ni se usará, su aeropuerto, y lo mismo ocurrirá con Dos Bocas y el Tren Maya. No tiene control de lo que está ocurriendo en Educación, ya no puede el Gobierno mexicano dar cobertura en servicios de Salud, no tenemos abasto suficiente de energéticos, se ha perdido la posición de México en el mundo. Pero, usted dirá, ya habíamos dicho eso, y no explica por qué la afirmación de que tampoco entiende de política.

Quienes piensan lo contrario suelen usar la popularidad como evidencia, pero esa es una medida poco reveladora, y menos cuando casi no se hacen encuestas, como ha ocurrido en el sexenio. Más que la popularidad, lo que importa es el apoyo al Gobierno y, en esas mismas encuestas, se ha desplomado.

El presidente no entiende de política, digo yo, porque es muy claro que no ha sabido construir una fuerza creciente, o al menos consolidada, que le permitiera impulsar su proyecto, si este existe. Por el contrario, en su afán de concentrar el poder en su persona, le ha impedido a Morena convertirse en un partido político real, ha eliminado los canales de intermediación con la sociedad, y ha cosechado derrotas en las urnas. Perdió la elección intermedia, y desde entonces no le es posible controlar a los diputados; perdió sus dos consultas, la referida a expresidentes y la propia, en las que no tuvo respaldo popular relevante; y ha perdido ya cualquier posibilidad de modificar la Constitución. No tiene nada, a pesar de haber tenido tres años de poder absoluto.

No tiene capacidad de respuesta: al abrir la sucesión en reacción a su derrota en las intermedias, agilizó su pérdida de poder, y la elegida no pudo capturar parte de esas pérdidas. Ahora inventa otra opción, cuando ya ha polarizado tanto que ni siquiera hay posibilidad de diálogo, justo lo que este nuevo precandidato debería atender.

Polarizar, cuando no se cuenta ni con un tercio de la población asegurado, no es una estrategia inteligente. Eso está haciendo. Queda entonces demostrado.

Espero que estas viñetas permitan entender mejor al personaje. Como anécdota personal, me he referido a un líder autoritario, con el que trabajé unos meses, pero del que me alejé en cuanto pude. Aunque me invitó a continuar colaborando con él, ya como candidato al Gobierno de la ciudad, preferí no hacerlo, porque su visión de las finanzas públicas como herramienta electoral me parecía, y me sigue pareciendo, inmoral. Los daños que causó durante su gobierno en la ciudad se han extendido ya por más de 15 años, tal vez porque los siguientes responsables provinieron de la misma fuerza política, tal vez porque no es nada sencillo terminar con programas que regalan dinero. Conviene tenerlo en mente, para el futuro.

Finalmente, su capacidad para victimizarse, pero también para jugar siempre en la frontera de las leyes, cuando no por encima de ellas, no debe menospreciarse. Lo ayudó a ganar, y puede ayudarlo en un futuro próximo.

Capítulo 2. Llegando mal

El triunfo

El triunfo de López Obrador en la elección presidencial de 2018 fue espectacular. No solo superó 50% de votos, convirtiéndose en el primero en lograrlo en una elección democrática en México, sino que además su coalición obtuvo una representación extraordinaria en las Cámaras. Aunque nada más tuvieron 44% de los votos, debido a deficiencias de la ley pudieron ocupar 62% de las curules. Poco después se sumaría el Partido Verde Ecologista de México (PVEM) a la coalición original de López Obrador, con lo que alcanzó la mayoría calificada (dos tercios) en la Cámara de Diputados, pero no en la de Senadores. Contaba además con el control de veinte congresos locales.

Una legitimidad de ese tamaño permitía a López Obrador hacer cualquier cosa al inicio de su gobierno, más cuando el presidente en funciones, Enrique Peña Nieto, decidió alejarse del público y abrir todo el espacio político al presidente electo. En mi opinión, a partir del 1 de septiembre de 2018, cuando se instaló la LXIV Legislatura, López Obrador ya podría considerarse el presidente, aunque tomara posesión tres meses después.

En ese lapso, López Obrador tomó una decisión trascendental, la cual le complicaría el gobierno a grados que no creo que haya imaginado. Al respecto, creo que es importante notar que López Obrador no tiene la facultad de pensar de manera estratégica. Aunque sin duda ha sido experto en la política táctica, como lo muestran sus acciones en el Gobierno de la ciudad, o su capacidad de reacción frente a los escándalos de los videos y el desafuero, su capacidad de planeación a largo plazo es muy limitada.

Me parece que la reacción frente a la derrota de 2006 es una buena muestra. Se lanzó a reclamar un fraude que jamás pudo comprobar; exigió conteo «voto por voto, casilla por casilla», pero no lo solicitó formalmente; convocó a un plantón en la avenida principal de la ciudad que acababa de gobernar, e intentó impedir la toma de posesión de Felipe Calderón. En estos dos últimos temas, existen evidencias de que jugó con la posibilidad del golpe violento, pero no logró convencer a suficientes seguidores de ello.

La falta de visión estratégica se hace evidente al recordar que después de septiembre de 2006, cuando el plantón tuvo que retirarse por órdenes del Ejército, López Obrador no pinta en el mapa político nacional. Sus estrategas mediáticos (entre los que destaca Epigmenio Ibarra) se concentraron en atacar a Calderón, pero no en promover a López Obrador, que no solo se eclipsó por sus pésimas decisiones, sino porque el papel de su sucesor en el Gobierno de la ciudad, Marcelo Ebrard, fue claramente superior.

Rumbo a la elección de 2012, ellos dos compitieron por la candidatura del PRD. Se decidió utilizar una encuesta con cinco preguntas para definir al candidato. Marcelo Ebrard obtuvo la ventaja en tres de ellas, contra dos de López Obrador, quien se inconformó y amenazó con ser candidato externo en caso de no ser el abanderado del PRD. En un error monumental, Marcelo Ebrard aceptó hacerse a un lado. Hay quien afirma que por eso López Obrador estaría obligado a compensarlo ahora con la candidatura de Morena para 2024, pero eso es no conocer al personaje.

López Obrador alcanzó a terminar en segundo lugar en la elección de 2012 gracias a la mala campaña de Acción Nacional, que derrumbó a su candidata, Josefina Vázquez Mota. Pero la distancia contra el primer lugar, Enrique Peña Nieto, del PRI, fue inmensa. Sin importar eso, López regresó a sus quejas de fraude, que ahora pudo defender aún menos. De nueva cuenta, desapareció del mapa.

Lo que regresó a López Obrador a la vida política fue el Pacto por México. Este consistió en un acuerdo interpartidista amplio que buscaba sacar las reformas pendientes desde inicios del siglo.[2] Había consenso entre los actores políticos y económicos de la necesidad de las reformas, e incluso de su contenido. Lo que faltaba era la posibilidad real de aprobarlas, algo que no había sido posible durante los años de gobierno dividido: la segunda mitad del gobierno de Zedillo y todo el gobierno de Fox y Calderón, 15 años en total.

Con el PRI de regreso en el poder, se hacía más fácil impulsar estas reformas que tendrían costos en su clientela: empresarios cuyas fortunas se crearon bajo el PRI y sindicatos, principalmente. Al interior de la oposición, la confrontación resultante de la elección favorecía el Pacto. Por un lado, el Partido Acción

Nacional (PAN) buscaba alejarse de Felipe Calderón, causante de la caída electoral de Vázquez Mota; por el otro, el PRD ya quería dejar atrás a López Obrador.

Entre las reformas impulsadas por el Pacto por México hubo algunas con más o menos apoyo de la oposición. La reforma fiscal, por ejemplo, no convenció al PAN, pero atrajo con fuerza al PRD. Lo contrario ocurrió con la energética. De esta, se esperaba que López Obrador intentara impedirla. En esos días, sin embargo, sufrió un infarto que le impidió dirigir el ataque a la Cámara de Diputados, que le encargó a su hijo del mismo nombre. La reforma se aprobó sin mayores dificultades.

Es decir que ni siquiera en ese momento, en el que había un caldo de cultivo apropiado para López Obrador, este tuvo la capacidad de regresar al liderazgo. Es posible que la afección cardiaca tenga buena parte de la culpa, pero antes de que ocurriese tampoco tuvo presencia, y meses después seguía sin existir.

Los golpes imprevistos que tiene toda presidencia le ocurrieron a Enrique Peña Nieto a finales de 2014. El 26 de septiembre de ese año dos camiones de autobuses secuestrados por alumnos de la Normal Rural de Ayotzinapa entraron a la ciudad de Iguala y fueron atacados por grupos de criminales apoyados por la policía municipal. Desaparecieron más de cuarenta jóvenes. Al respecto, el 20 de octubre de 2014 publiqué «Ausencia del Estado», esta vez en *El Financiero*:

> La desaparición, o matanza, de estudiantes normalistas en Iguala
> es evidencia de la ausencia de Estado en Guerrero. Se suma a
> los centenares de muertos que ahora se descubren en fosas clan-
> destinas, similares a las que existen en otra zona que no tiene

Estado, Tamaulipas. Las fosas de Iguala, sin embargo, se conocen desde al menos 2013, y tal vez eso explique la rapidez con que el gobernador de Guerrero dijo que los cuerpos ahí encontrados no serían de los normalistas.

La información que tenemos es que un centenar de normalistas habría llegado a Iguala el viernes 26 de septiembre. Dicen que iban a «botear», pero lo hacían lejos de su zona normal. Los normalistas de Ayotzinapa frecuentemente realizan ese tipo de actividades: botear, secuestrar autobuses, o camiones de reparto, en los alrededores de Chilpancingo. Uno de sus lugares tradicionales es Casa Verde, que se encuentra en la carretera entre esa ciudad e Iguala, pero cerca *de Chilpancingo. En ocasiones instalan ahí un retén para detener camiones y extraerles diesel.*

El 3 de junio de 2013, sin embargo, se desplazaron hasta Iguala para sumarse a las manifestaciones en contra del presidente municipal, José Luis Abarca, por la desaparición de Arturo Hernández Carmona, dirigente del Frente de Unidad Popular, levantado con otras siete personas el día anterior, y cuya muerte se conoció durante esas manifestaciones. Los manifestantes atacaron y tomaron el palacio municipal.

En noviembre de 2013 los normalistas regresaron a Iguala y secuestraron siete autobuses, y el 3 de marzo de este año, instalaron un retén a las afueras de la ciudad, como el que tradicionalmente ponían en Casa Verde, a más de cien kilómetros de distancia.

José Luis Abarca, presidente municipal, y su esposa María de los Ángeles Pineda, que tiene tres hermanos que fueron miembros destacados del grupo de Beltrán Leyva, eran los jefes de plaza en Iguala. Había evidencia abundante de esto, incluyendo el asesinato ya mencionado, desde hace tiempo. No se hizo nada.

Cuántas personas perdieron su tranquilidad, su patrimonio, y su vida, por esta falta de Estado, no lo sabemos.

Ese 26 de septiembre, a las 6 de la tarde, Pineda presentó su informe de labores en el DIF y al día siguiente Abarca presentaría el suyo. A las 21:30 horas, policías municipales detuvieron dos autobuses secuestrados por los normalistas, y les dispararon. Después vendría la persecución, por parte de policías y sicarios, en la que murieron futbolistas, personas que iban pasando, y al menos tres normalistas más. Más de 60 jóvenes se dispersaron, y 43 de ellos no han vuelto a ser vistos. En diciembre de 2011, dos normalistas murieron en enfrentamiento con policía estatal, y provocaron la muerte de un trabajador de una gasolinera. En 2013, dos normalistas murieron atropellados por un tráiler en Atoyac de Álvarez. Una matanza como la de ahora no había ocurrido.

Hay regiones enteras en México en las que no hay Estado, sino grupos que intentan suplantarlo para abusar de la población. Es un problema derivado del viejo régimen y del proceso de transformación de las últimas décadas. Hay quien confunde y habla de represión o rebelión, e incluso hay quien promueve mezclar otras dinámicas sociales. Antes inventaron «no más sangre», ahora «demando tu renuncia». Suelen sentirse moralmente superiores. Basura.

A inicios de noviembre de 2014 *Aristegui Noticias* publicó un reportaje de Rafael Cabrera, Daniel Lizárraga, Irving Huerta y Sebastián Barragán,[3] el cual documenta cómo un proveedor del Gobierno, Grupo Higa (propiedad de Armando Hinojosa, un amigo cercano de Peña Nieto desde sus tiempos como gobernador del Estado de México) era quien financiaba la adquisición de la Casa Blanca, una mansión en las Lomas de Chapultepec, por parte de la esposa de Peña Nieto, Angélica Rivera.

A pesar de que estos dos eventos golpearon a Peña Nieto, el PRI no perdió la elección intermedia y mantuvo 205 diputados (frente a 212 en la Legislatura anterior), aunque, considerando sus alianzas, incluso logró mejorar su posición. Fue hasta 2016 cuando el PRI perdió terreno de manera importante, y se vio derrotado en seis de las 12 gubernaturas en juego. Pero incluso entonces Morena, el partido creado por López Obrador dos años antes, no tuvo mayor presencia. Apenas logró quitarle al PRD la mitad de sus votos, con lo que ambos partidos se ubicaron en la región del 10% del voto nacional.

Fue en ese 2016 cuando la opinión acerca de López Obrador empezó a cambiar. Los grandes negativos que obtuvo con el plantón de Reforma, que no desaparecieron con la elección de 2012, sí se aminoraron después de 2015. Mi hipótesis es que este hecho tuvo que ver con el apoyo de los medios de comunicación que se acercaron a él para tomar distancia del Gobierno que había dañado sus intereses con las reformas estructurales. No estuvieron solos en ese proceso. Lo mismo ocurrió con otros empresarios-compadres, como los de telecomunicaciones, y con los sindicatos que perdieron con las reformas: maestros, electricistas, petroleros.

Estos grupos, que de forma genérica llamo «los damnificados de las reformas», serían determinantes en el triunfo de López Obrador en 2018. Su apoyo financiero, de organización, y sobre todo de impacto en la opinión pública transformarían al personaje limítrofe que decidió dañar a la ciudad que había gobernado y jugó con la idea del golpe violento en un líder pragmático y preocupado por el bienestar de los mexicanos.

No obstante, con todo y ese apoyo, la brecha contra su más cercano competidor, Ricardo Anaya, se fue cerrando al inicio de 2018. En ese momento la PGR anunció que Anaya era responsable de un fraude en la compraventa de un terreno en Querétaro. En el último día del gobierno de Peña Nieto la PGR se desistiría de la acusación, pero durante el proceso electoral el golpeteo fue suficiente para impedir el crecimiento de Anaya y dejar libre el camino a López Obrador.

Aquí mando yo

Como hemos dicho, debe considerarse que López Obrador es presidente *de facto* desde el 1 de septiembre de 2018, cuando su coalición, con amplia mayoría en ambas Cámaras, toma posesión. Ya para entonces Peña Nieto se había alejado de la opinión pública y todo el escenario era de AMLO.

En octubre anunció que se haría una consulta para decidir el futuro del aeropuerto de Texcoco. Los detalles se dieron a conocer el 15 de ese mes; la consulta se llevó a cabo del 25 al 28 y participó poco más de un millón de personas. El 29 de octubre López Obrador realizó una conferencia de prensa, acompañado de un puñado de personas, entre ellos Alfonso Romo, a quien había designado como enlace con los empresarios. Este había asegurado a diversos grupos, incluso la noche anterior, que no se cancelaría la construcción del aeropuerto.

El rostro de Romo fue muy ilustrativo cuando López Obrador anunció que el resultado de la consulta era que la construcción debía cancelarse. No tenía idea de que esa sería su decisión; por el contrario, estaba convencido de que el aeropuerto de Texcoco continuaría. Este es un ejemplo más de la capacidad de López Obrador para engañar y traicionar a sus colaboradores, habilidad que le ha permitido avanzar sin lastre, pero que también lo ha llevado a tener a su alrededor personas cada vez menos capaces. Romo continuaría con él poco más de un año antes de retirarse del Gobierno.

Escribí entonces para *El Financiero* el texto titulado «Paso a paso», el cual se publicaría al día siguiente, 30 de octubre de 2018:

Como usted sabe, López Obrador ha decidido que no habrá nuevo aeropuerto para la Ciudad de México. Llevó a cabo una consulta durante cuatro días para darle un cariz popular a su decisión (ya tomada), y para probar la aplicación de la democracia iliberal en México. A pesar de todas las deficiencias de ese ejercicio, la sociedad no reaccionó sino hasta que ya era muy tarde: con el resultado. Afirma AMLO que en tres años habrá un aeropuerto alterno en Santa Lucía y se habrá remozado el AICM. Tal vez incluso Toluca. Dudo mucho que eso ocurra: no tiene dinero para hacerlo. Ni siquiera sabemos si pagará las indemnizaciones por la cancelación de la obra.

López Obrador sigue contando con el respaldo de dos terceras partes de la población, según parece. Recibe el apoyo de los políticos que hoy tienen un buen puesto gracias a él, y de los intelectuales que han apostado su futuro a un experimento más de izquierda populista en América Latina. Como ha pasado con tantos otros, seguramente obtendrán canonjías por unos años, y después irán a dar clases a universidades del primer mundo, argumentando que el fracaso de su gestión se debió a la mafia del poder, la prensa fifí y la derecha. Nada nuevo, pues.

Como hemos comentado en otras ocasiones, para entender las decisiones de López Obrador hay que reconocer que se trata de un político absoluto. Todo lo ve y entiende en términos de poder, y no guarda ningún interés ni respeto por planes, programas o políticas públicas. No tiene una imagen del resto del mundo, salvo de América Latina, pero limitada a líderes similares a él. Por eso mismo ni el aeropuerto, ni la energía, ni la educación le parecen relevantes. Borrar el recuerdo de gobiernos pasados, reorganizar el corporativismo laboral, sí es lo suyo, y en eso está.

Por eso, lo que vivimos hoy no es la cuarta transformación, sino el tercer fracaso. Los tres intentos de modernizar este país (reformas Borbónicas, liberales, y estructurales) fueron derrotados por la movilización popular guiada por líderes ambiciosos. Celebramos dos de esas derrotas, la Independencia y la Revolución, y no dudo que en un futuro se celebre igualmente la destrucción que ahora inicia. En esos otros dos momentos hubo también líderes que solo podían pensar en términos de poder, y por ello pasaron décadas antes de que hubiera posibilidad de construir instituciones, y una economía funcional. Creo que ahora ocurrirá algo similar, aunque el futuro siempre será desconocido.

Le decía hace unos días que no podía imaginar cómo es que podríamos tener una economía exitosa en 2019. Ahora, menos. Pero sí se pueden ya ver obstáculos que no existían hace pocos días: un dólar más caro, pago de indemnizaciones por más de

100000 millones de pesos, un mal ambiente con empresarios nacionales y extranjeros, y una tendencia al alza en las tasas de interés, que harán más difícil tener dentro de un mes un presupuesto que cuadre.

Aun sin la reducción de impuestos en frontera, las becas para jóvenes, el inicio del Tren Maya, la refinería y la ampliación de Santa Lucía, se ve muy complicado que la publicación del paquete económico sea creíble. Si sumamos todo eso, no podrán mantener el déficit bajo control, y eso moverá los mercados. Los votantes, políticos e intelectuales orgánicos pueden creer en la magia, pero no los inversionistas.

Con todo, el daño económico es sustancialmente menor a la tragedia política que inicia. La consulta ha legitimado la democracia iliberal en México. Los treinta años de construcción de un país democrático y de mercado libre han terminado.

La cancelación de la construcción del aeropuerto provocó una caída significativa en la inversión. Fue la primera de muchas decisiones que harían menos atractivo arriesgar capital en el país. Tal vez lo más importante es que confirmaba la preocupación de muchos empresarios de que la llegada de López Obrador era una amenaza para sus negocios, como lo muestra la figura 4. En ella aparece el índice de inversión fija bruta que publica Inegi cada mes. El punto máximo alcanzado ocurre en julio de 2018, al cual le sigue una reducción que a partir de octubre se convierte ya en una tendencia clara. El ritmo de caída es de -6.7% anual, parecido al que se sufrió al inicio del siglo XXI con la recesión consecuente a la «burbuja puntocom» en Estados Unidos.

FIGURA 4. Impacto en inversión de cancelación del NAICM

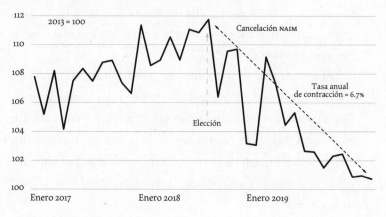

Fuente: Con datos del Inegi.

Esta caída en la inversión se reflejó en una contracción de la economía que nos separó de la tendencia a largo plazo que se había mantenido desde 1980, a pesar de diversas crisis, internas y externas. Como puede verse en la figura 5, en donde grafico el producto interno bruto (PIB) y su tendencia a largo plazo, no se trata de un desplome de la economía, sino de la separación de la tendencia; esto resultaría ser después un problema muy serio, cuando la llegada de una crisis externa, la pandemia por covid-19, nos colocaría en una trayectoria muy diferente.

La cancelación del aeropuerto nos alejó de ese crecimiento que se percibía tan escaso, 2.36% anual promedio durante 38 años. Comparando con el tercer trimestre de 2018, previo a la cancelación del aeropuerto, el desempeño de la economía a finales de 2019 era de un crecimiento negativo: -1%. En contraste con la tendencia, la pérdida al cierre de ese año era ya de -3.9 por ciento.

Figura 5. Impacto en crecimiento económico

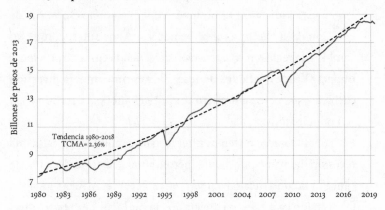

Fuente: Con datos del Inegi.

Creo que la primera vez que pude documentar el impacto de la cancelación del NAICM en la inversión y actividad económica del país fue en marzo; publiqué entonces «Cien días», en *El Financiero*, el 11 de marzo de 2019:

El arranque de un gobierno de diferente partido es siempre difícil. Así le ocurrió a Vicente Fox en 2001 y a Peña Nieto en 2013. El primero, además, enfrentó una grave recesión en Estados Unidos, la más importante para nuestras exportaciones, que para fines de ese año se sumó al ingreso de China a la OMC [Organización Mundial del Comercio], cerrando de forma definitiva nuestro acceso al mercado estadounidense. Peña Nieto no tuvo ese golpe externo, pero sí la caída de la inversión residencial, producto del cambio de reglas para construcción de vivienda.

El primer mes de gobierno de Vicente Fox, diciembre de 2000, la inversión tuvo una ligera caída, apenas 1%, que pronto se convirtió en un gran bache: el primer trimestre de 2001 reportó -5% en este indicador. El promedio del año entero, 2001, fue de -7%. Con Peña Nieto, la caída era notoria desde antes, porque los cambios de reglas en construcción de vivienda empezaron a tener impacto desde mediados de 2012. En su primer mes la inversión cayó casi 5%, pero se moderó durante el año, para terminar en -3.3 por ciento.

López Obrador no tenía enfrente ni un cambio de reglas, ni una recesión del principal cliente, pero tomó la absurda decisión de cancelar la construcción del NAICM, en octubre. Al mes siguiente, la inversión caía 2.4%; en diciembre, la caída fue de 6.4%. El nivel del índice de inversión en diciembre fue de 103 puntos, inferior al promedio de 109 en que estuvimos de enero a octubre. No hay indicios de que haya mejorado en los primeros meses de este año, porque sus componentes, vehículos, maquinaria y construcción, o están parados, o han caído las ventas. Si no hay cambio en la tendencia, la inversión caerá 5% en el primer trimestre, y posiblemente sea similar en todo 2019.

Es muy importante comprender que la caída en inversión no resulta de asuntos económicos, ni internos ni externos, sino de la pérdida de confianza de los inversionistas. Si esta se recuperase, podríamos ver datos muy diferentes. Pero recuperar la confianza no es una cosa sencilla, y es muy probable que, si ocurre, tarde meses en cristalizar. El golpe que significó la cancelación del NAICM, sumado a los ilusos proyectos del Gobierno (refinería, Tren Maya), y a la conferencia mañanera, que solo siembra confusión, han convencido a los inversionistas de que México no es confiable, de forma que solo con rendimientos exorbitantes estarían dispuestos a colocar aquí su dinero.

La caída de inversión debería preocupar, porque no hay otra fuente de crecimiento a la vista. El gasto del Gobierno será inferior este año, en parte porque así ocurre el primer año de gobierno, especialmente con un partido distinto, y sobre todo ahora que desplazaron a la mayor parte de las personas que sabían qué hacer, y en parte porque las transferencias no tienen un impacto en el PIB, salvo cuando se transforman en consumo de los receptores.

Pero el consumo está también detenido, a pesar de los altos niveles de confianza, como ya hemos comentado en otras ocasiones. De forma que si el consumo no crece, el gasto se contrae (ligeramente) y la inversión cae 5%, el crecimiento en 2019 será de -1 por ciento.

Es una estimación que queda fuera de lo que los analistas han publicado, y bastaría con un ligero crecimiento del consumo, de 2%, para que el crecimiento de la economía fuese cero, y no negativo. No parece estar ocurriendo ahora.

El tema de fondo es el siguiente: si la inversión no se recupera, y continúa la trayectoria actual, la economía se contraerá. Y no veo cómo habría más inversión, con la forma actual de gobernar. Eso cuesta destruir la confianza con una decisión absurda.

Recuerdo que los jóvenes (y algunos no tan jóvenes) académicos seguidores de López Obrador criticaron este texto, afirmando que no era posible identificar causalidad con tan pocos datos, y que seguramente eran otros los motivos que explicaban el estancamiento de la economía y la caída de la inversión. Con el tiempo los datos confirmaron mi posición y las críticas dejaron de aparecer.

Pocos meses después insistí con el texto «Pérdida de confianza», que vio la luz el 23 de julio de 2019 en *El Financiero*:

Como usted sabe, esta columna afirma que la causa principal de la contracción económica, o si gusta, desaceleración, es la pérdida de confianza en el futuro del país, producto de decisiones de la actual Administración.

Aunque la decisión más importante en este argumento es la cancelación de la construcción del aeropuerto, el contexto es muy importante. Quien la tomó fue López Obrador, en ese momento presidente electo, que además promovió una consulta parcial y antidemocrática para fundamentar lo que ya había decidido. La historia del personaje no puede olvidarse. Por décadas fue considerado el político más peligroso para el sector privado, e incluso fue por esa razón que perdió la elección de 2006. Muchas personas se habían convencido de que elegir a López Obrador pondría en riesgo las inversiones, e incluso el funcionamiento del mercado. Para 2018 esos riesgos palidecían frente al crecimiento de la inseguridad y a la corrupción rampante del Gobierno de Peña Nieto, de forma que López Obrador pudo finalmente alcanzar la presidencia.

Es por ese contexto que su decisión de cancelar el aeropuerto importa más. Si bien cualquier presidente pudo haber hecho algo similar y habría causado problemas, que lo hiciera el personaje que por décadas fue considerado un riesgo para la inversión fue todavía más duro. Muchas personas que habían caído en el garlito de que se trataba de un político diferente, que había cambiado y era pragmático, empezaron a dudar de ello.

La confirmación de esas dudas ha ocurrido durante la primera mitad de 2019. Por un lado, el presidente ha golpeado duramente a la administración pública, cebándose en los organismos autónomos, y especialmente destruyendo a los relacionados con el área energética. Por otro, propone proyectos poco creíbles para los expertos, que además requieren cantidades que no tiene el Gobierno. Financiarlos implica dejar de gastar en política social, que es casi lo único que hace el Gobierno mexicano. Aunque eso no es un tema que importe mucho a los inversionistas, a la luz de las otras decisiones se convierte en una amenaza: así como fue capaz de hundir cientos de miles de millones para demostrar su poder, así es capaz de destruir programas sociales mundialmente famosos para cumplir sus caprichos.

Finalmente, al sumar la notoria incapacidad de su equipo, no solo el gabinete o las empresas del Gobierno, sino incluso sus legisladores y gobernantes locales, el panorama es desolador. Nadie puede tener certeza de la seguridad de su inversión. De pronto puede ser cancelada, como lo fue el NAICM, o como las licencias de construcción en la Ciudad de México; o tal vez se pueda terminar, pero no habrá mercado, porque la gente no quiere invertir ni siquiera a mediano plazo en un auto o un departamento; o pueden modificarse las reglas en el mercado, y dejar fuera a cualquier empresa, como ha ocurrido con proveedores tanto en educación como en salud.

No cabe duda de que la falta de cumplimiento de la ley en México ha sido el elemento más importante tanto para impedir el crecimiento como para mantener la desigualdad. Gracias a que la ley se aplica discrecionalmente, el capitalismo de compadrazgo se mantiene. Muchos votaron por López Obrador esperanzados en que esto terminara, imaginando que el discurso contra la corrupción iba en este sentido.

Ha ocurrido al revés. Al destruir la poca institucionalidad que habíamos construido, la discrecionalidad crece, y con ella el impacto del capitalismo de compadres. Si son los mismos u otros, no importa, el resultado es el mismo: estancamiento y enriquecimiento de unos pocos.

La convicción de que esto es lo que ocurre es lo que reduce la inversión y frena la economía. Si esto es correcto, entonces no hay manera de que el crecimiento regrese durante esta administración.

Sin embargo, el impacto económico de la cancelación no ocurrió solo por pérdida de confianza en el país, también tuvo un costo directo. Por un lado, lo que se llevaba construido, que no era poco, se quedó sembrado en el terreno; por otro, la deuda que se había contratado para financiar la construcción se mantuvo viva, aunque los recursos del fideicomiso después se utilizaron en otros asuntos. La estimación que realizó la Auditoría Superior de la Federación (ASF) en la revisión de la Cuenta Pública de 2019 arrojó una pérdida para el erario por 332000 millones de pesos, lo que molestó mucho al presidente.[4] Este exigió al auditor que se corrigiera y algo así se dijo en público; no obstante, la información oficial sigue siendo la misma, y la cito a continuación:

Debido a lo anterior, la ASF procedió a calcular el costo total de la cancelación del proyecto de inversión del NAICM, y estimó que este será de, al menos, 331 996 517.6 miles de pesos, monto que se integra por:

- 163 540 720.5 miles de pesos (49.3%) por gastos ya erogados a 2019, lo cual incluye: *a)* los costos no recuperables de la inversión ejercida en el periodo 2014-2018 (70 497 352.1 miles de pesos), y de la terminación anticipada de los contratos y convenios de obra, adquisiciones y servicios (7629862.8 miles de pesos); *b)* los costos derivados del esquema de financiamiento para la construcción del proyecto, relativos a la recompra del 30.0% de los bonos emitidos (50887785.8 miles de pesos), y a la liquidación de certificados bursátiles de la Fibra-E (34027215.6 miles de pesos), y *c)* los costos legales derivados de la cancelación del proyecto (498504.2 miles de pesos).

- 168455797.1 miles de pesos (50.7%) restantes son costos adicionales que se derivan de obligaciones pendientes para la cancelación (la liquidación de la totalidad de los bonos emitidos, contratos pendientes de liquidar, así como juicios y demandas en proceso).

La misma Auditoría estima que ese costo se quedará corto:

No obstante, la ASF identificó que dicha estimación puede verse afectada e incrementarse por los factores siguientes:

- Se encontró pendiente la liquidación del 70.0% del valor de los bonos emitidos para financiar el proyecto y que no fueron recomprados, con un valor de 79 265 604.2 miles de pesos, cifra que podría incrementarse por una baja en la calificación crediticia del soberano.
- Se deberán pagar comisiones o intereses generados por los bonos en circulación pendientes de recompra, los cuales se verán afectados por las variaciones en el tipo de cambio que se puedan presentar (peso/dólar).

- A 2019, continuaban en proceso de resolución 41 juicios de amparo, un juicio contencioso administrativo y dos demandas de arbitraje internacional, derivados de la terminación anticipada de los contratos y convenios de obra, adquisiciones y servicios.

- Se podría llegar a solicitar asesoría y representación legal durante los procesos que se realicen para liquidar los bonos en circulación que quedaron pendientes, así como para continuar con los juicios y demandas que se encuentran en proceso.

- Existen limitantes en la disponibilidad y la suficiencia de la información proporcionada por el GACM [Grupo Aeroportuario de la Ciudad de México] que impidieron estimar con mayor precisión el costo al que asciende la cancelación del NAICM.

Finalmente, el informe de auditoría aclaró la confusión del presidente, misma que le llevó a criticar el estimado mencionado:

Cabe señalar que el costo total de la cancelación del NAICM estimado por la ASF de 331 996 517.6 miles de pesos es superior al costo de 100 000 000.0 miles de pesos calculado por la SCT [Secretaría de Comunicaciones y Transportes] en el documento «Razones para la cancelación del proyecto del Nuevo Aeropuerto en Texcoco», publicado el 26 de abril de 2019, toda vez que en esa estimación la dependencia consideró la inversión ejecutada y el valor de la terminación anticipada de los contratos, pero no incluyó las implicaciones derivadas del esquema de financiamiento definido para la construcción, ni los costos legales involucrados.

La solución que ofreció López Obrador al tema de conectividad aérea para la Ciudad de México fue la construcción de un aeropuerto civil en la base aérea de Santa Lucía, la renovación y ampliación del aeropuerto actual de la ciudad (AICM) y del de Toluca. De nuevo, el ofrecimiento no tenía mucho sentido, porque en lugar de tener un *hub* con capacidad sobrada, tendría un aeropuerto saturado y viejo, con dos pequeñas terminales adicionales, separadas por más de cincuenta kilómetros del actual.

De todo ello, lo único que se construyó fue una de las pistas para uso civil en Santa Lucía, que se inauguró el 21 de marzo de 2022 con el nombre de Aeropuerto Internacional Felipe Ángeles (AIFA). Cabe mencionar que México perdió la categoría 1 de la Organización de Aviación Civil Internacional (OACI) en mayo de 2021, de forma que no es posible realizar nuevos vuelos a otros países, y eso ha impedido que el AIFA pueda tener vuelos internacionales. Para no dañar el nombre, Venezuela (que tampoco tiene categoría 1) ofreció un vuelo desde Caracas al AIFA, cada dos semanas. La realidad es que esto nada más ocurrió una vez, el día de la inauguración, y nunca más ha regresado. Además de ese vuelo, en el primer mes de operación del AIFA ocurrieron 12 operaciones diarias (la mitad son llegadas; la otra mitad, salidas).[5]

Para tener un punto de comparación, el AICM realizó en 2021 un promedio de 890 operaciones diarias, y en 2019, antes de la pandemia, eran 1260. Las 12 que aporta el AIFA representan alrededor de 1% de esos niveles, de forma que su aportación a la conectividad de la ciudad es, hasta el momento, insignificante.

Lo que no fue insignificante fue su costo. A reserva de conocerlo con detalle cuando se haga la auditoría de 2022, reportes de prensa[6] indican que el costo de lo que se inauguró asciende a 116000 millones de pesos, sin contar los trabajos para accesos que, considerando el lugar en que se encuentra, serán elevados.

Finalmente, aunque un par de aerolíneas nacionales ha anunciado que podría incrementar sus operaciones en el AIFA, no es posible que haya vuelos internacionales ahí, en tanto México no recupere la categoría 1 para la Administración Federal de Aviación de Estados Unidos (FAA, por sus siglas en inglés). Por otra parte, durante el mes de mayo de 2022 hubo diversos incidentes en el AICM, y se publicaron cartas de la Federación Internacional de Asociaciones de Pilotos de Líneas Aéreas (IFALPA, por sus siglas en inglés)[7] y de la Asociación de Transporte Aéreo Internacional (IATA, por sus siglas en inglés),[8] las cuales alertaban de las complicaciones innecesarias causadas por el rediseño del espacio aéreo que debió hacerse para permitir que el AICM y el AIFA pudieran operar de manera simultánea. De hecho, el responsable de Servicios a la Navegación en el Espacio Aéreo Mexicano (Seneam), Víctor Manuel Hernández, quien fue el creador de ese rediseño, tuvo que renunciar debido a los reclamos.

En suma, el exabrupto presidencial de cancelar la construcción del NAICM tuvo un costo directo de 448000 millones de pesos, redujo la inversión de forma significativa, eliminó la posibilidad de contar con un *hub* internacional, impidió el desarrollo de la zona del actual AICM (que dejaría de operar con la inauguración del NAICM) e impacta a diario a millones de usuarios que sufren ya sea un aeropuerto viejo y saturado o desplazamientos absurdos hasta Santa Lucía.

¿Qué se obtuvo a cambio de estos costos? Al parecer, lo que buscaba López Obrador con esa decisión era marcar el terreno, demostrar que el único que mandaba era él e iniciar con ello la constante que ha marcado su gobierno: la concentración de poder en su persona. No queda claro si era necesario hacerlo, o si pudo haber tomado alguna otra decisión con ese mismo impacto, pero con menores costos.

A mí me parece que un curso de acción más inteligente habría sido una reforma fiscal profunda que, aprovechando su amplia legitimidad, pudiese incrementar la recaudación, concentrándose en las personas de mayores ingresos. Como se sabe, México es uno de los países con menor recaudación del mundo. Antes de la reforma fiscal de 2013 los impuestos (sin considerar derechos, como los que corresponden a hidrocarburos) apenas representaban 10% del PIB. La reforma permitió incrementar la tasa de recaudación a 13.5%, todavía muy lejos de lo que recaudan otros países latinoamericanos, por no mencionar países desarrollados. Desafortunadamente, la caída de ingresos petroleros ha mantenido el gasto total disponible del Gobierno en los alrededores de 22% del PIB (13% de impuestos, 4% de ingresos petroleros y 5% de ingresos de empresas y organismos, a grandes números).

De hecho, la gran diferencia entre México y los países desarrollados, en términos de desigualdad, proviene del nulo impacto de la política fiscal. Mientras que en los países europeos la combinación de impuestos y gasto reduce la desigualdad en más de diez puntos (medidos con el coeficiente de Gini), en México el impacto es prácticamente inexistente. Una reforma fiscal hubiese sido también una forma de hacer evidente su legitimidad y poder, pero le habría proporcionado recursos para, en efecto, llevar a cabo una política social.

Capítulo 3. El peso del pasado

López Obrador viene de un estado que se volvió petrolero, de verdad, durante su juventud. Aunque ahí se ubican algunos de los primeros pozos, y aunque Pemex empezó a explorar concienzudamente la zona desde finales de los años treinta, fue en realidad hacia la época en que nació López Obrador que inició producción, justo en la cuenca de Macuspana. No obstante, la explosión productiva ocurrió en los años setenta, cuando la producción en Tabasco pasó de treinta mil a novecientos mil barriles diarios, a lo que debemos sumar la cuenca de Campeche (aguas someras), que para inicios de los ochenta ya aportaba un millón de barriles diarios.

Un crecimiento de treinta veces, en la única industria relevante que hasta la fecha tiene Tabasco, debe haber impactado a Andrés Manuel casi tanto como su enfrentamiento con la Ciudad de México, lo que ocurrió de forma simultánea. López Obrador asistió a la Universidad Nacional Autónoma de México (UNAM) entre 1973 y 1976, aunque suspendió sus estudios para hacer política en Tabasco, primero con Carlos Pellicer y a inicios de los ochenta con Enrique González Pedrero. De su vida personal y estudios no hablaremos aquí, pero sí me parece relevante identificar estas impresiones de juventud que parecen haberlo marcado: el petróleo y el México de los setenta.

Los años setenta

En otro lugar he presentado mi opinión acerca de cómo se construyó el México del siglo XX, y cómo en los años setenta se llevó al extremo un modelo que ya era inoperante.[9] Lo hago aquí de manera muy sucinta.

Lázaro Cárdenas construyó el régimen de la Revolución sobre las bases que le dejaron los sonorenses, a quienes logró expulsar del poder. Bajo el gobierno de Álvaro Obregón se había iniciado una nueva visión de la historia nacional, que tenía como cúspide a la Revolución mexicana, y que se plasmó en los muros de los edificios públicos, en especial por Diego Rivera. Después del asesinato de Obregón, Plutarco Elías Calles logró agrupar a todas las facciones posrevolucionarias en una mesa de negociación que se llamó Partido Nacional Revolucionario.

Lo que Cárdenas hizo fue tomar ese partido, que no era más que un cascarón, y sumarle las dos grandes organizaciones corporativas creadas por él durante su sexenio: el movimiento obrero y el campesino. Hizo suya la interpretación histórica de los murales de Diego Rivera, un comunista convencido, porque coincidía con ella, pero también porque era oportuno. Entre 1935 y 1938, el periodo en que Cárdenas construyó el régimen, lo que abundaba en el mundo eran regímenes autoritarios, corporativos, con los que el régimen de la Revolución no desentonaba.

La creación de Cárdenas fue el régimen corporativo más exitoso del mundo, si consideramos su duración como la medida del éxito. Desde su fundación en 1938 hasta su quiebre en 1988, medio siglo en total, se mantuvo prácticamente sin grieta alguna. No ocurrió algo similar con ningún otro experimento.

La razón del éxito es la capacidad de Cárdenas para dejar el poder en manos de otras personas, que no necesariamente eran parte de su grupo político. Así, la piedra angular del régimen corporativo, el presidente, se convierte en un monarca, pero temporal, que al final de su momento debe heredar el poder a una persona de otro grupo (la famosa definición de Cosío Villegas). Es eso lo que da al régimen de la Revolución una permanencia inusual.

Cárdenas no cedió el poder a su mentor y amigo, Francisco J. Múgica, como esperaban todos. Manuel Ávila Camacho logró evitar entregarlo a su hermano y optó por el primer civil después de la Revolución. Miguel Alemán sí quiso perpetuarse, él mismo o por interpósita persona, pero Cárdenas tenía todavía mucha presencia y logró impedirlo. Hasta 1970, cuando Luis Echeverría se convirtió en presidente, todos habían cumplido con su obligación: gobernar sin contrapeso por seis años, mantener funcionando el régimen, y heredar el poder a alguien de un grupo diferente.

En ese periodo, para fortuna de México, el contexto internacional se prestaba a Gobiernos estables y poco creativos, como fueron los nuestros. Al término de la Segunda Guerra Mundial Estados Unidos logró imponer un arreglo financiero internacional que permitiese el desarrollo de Occidente, pero que le diese una ventaja. Este arreglo se conoce como Bretton Woods, por el nombre del lugar en que se firmó.

La esencia del arreglo era impedir crisis inflacionarias y de desempleo como las vistas al término de la Primera Guerra Mundial, que fueron el caldo de cultivo de Gobiernos autoritarios en el centro de Europa y propiciaron la Segunda Guerra

Mundial. Para ello se creó el Fondo Monetario Internacional, cuyo objetivo era evitar crisis de balanza de pagos y, en caso de que ocurrieran, impedir que se convirtiesen en crisis inflacionarias graves. También se fundó el Banco Mundial, dedicado a promover proyectos que favoreciesen el desarrollo de los países miembros, con lo cual se evitarían crisis de desempleo.

Además de estas dos organizaciones (y una tercera que no pudo concretarse, la Organización Internacional de Comercio), se estableció un arreglo monetario. El dólar tendría un tipo de cambio fijo con el oro, y todas las demás monedas tendrían un tipo de cambio fijo con el dólar. Esto no es el «patrón oro» que existió de 1870 a 1913, en el que cada moneda tenía un tipo de cambio directamente con el oro. En el arreglo de Bretton Woods, la posición intermedia del dólar entre el oro y las demás monedas le otorgaba, en palabras de Giscard d'Estaing, un «privilegio exorbitante».

A partir de 1946, cuando se firmaron los acuerdos de Bretton Woods, las economías occidentales crecieron de forma continua, a ritmos impresionantes, sin presiones inflacionarias. Esto se debe en parte al arreglo mencionado, y en parte a que de 1913 a 1946 casi ninguna había crecido, y existían las condiciones para recuperar el tiempo perdido. México, por ejemplo, tuvo crecimiento cero, por habitante, entre 1910 y 1940.

Sin embargo, ese privilegio exorbitante del dólar implicaba que existía la posibilidad de que el Gobierno de Estados Unidos emitiese más dólares de los que podía respaldar con oro, trasladando el costo a las demás monedas; por eso se había quejado D'Estaing. A partir de 1968 fue evidente que eso estaba ocurriendo. El Gobierno de Lyndon Johnson invertía cantidades importantes de dinero tanto en gasto social (inclusión racial, lucha contra la pobreza, *Great Society*) como en la guerra de Vietnam. Los mercados empezaron a presionarse desde entonces, pero para 1971 ya era evidente que Bretton Woods no podría sostenerse más. El 15 de agosto de ese año el presidente Richard Nixon anunció que Estados Unidos dejaba de tener un tipo de cambio fijo entre el dólar y el oro, lo que provocó que el resto del mundo tuviese que ajustar sus monedas.

En los siguientes meses se reunieron en el Instituto Smithsoniano de Washington representantes de Estados Unidos, Inglaterra, Francia, Alemania y Japón (el G5 original, establecido a mediados de la década de 1970) para llegar a un acuerdo monetario. Este se alcanzó a finales de 1972 y estableció tipos de cambio flexibles (no por completo) entre las monedas de esos países. En octubre de 1973, sin embargo, Egipto, Jordania y Siria invadieron Israel en el día de Yom Kippur como venganza por la guerra de los Seis Días, ocurrida en 1967, en la que Israel había derrotado a Egipto. De nueva cuenta, Israel se alzó con la victoria, pero ahora Egipto promovió entre los países árabes, y al interior de la Organización de países Exportadores de Petróleo (OPEP), un embargo de crudo en contra de Occidente.

El precio del barril de petróleo se multiplicó por tres en los siguientes meses y continuó creciendo en los siguientes años. Las medidas de política económica en los países occidentales (que repetían lo hecho desde 1946, impulsar la demanda para promover el crecimiento) agravaron las presiones inflacionarias. En febrero de 1979 la Revolución iraní tomó por sorpresa a todos, en especial al Gobierno estadounidense, pues su embajada fue tomada por los revolucionarios, que detuvieron a decenas de rehenes por meses. El precio internacional del petróleo casi alcanzó los cuarenta dólares por barril, 12 veces más del que tenía antes de la guerra de Yom Kippur.

La elevada inflación, el estancamiento económico y la sensación de incertidumbre convencieron a los votantes de los países desarrollados de cambiar el rumbo. Esa fue la razón por la cual llegaron Ronald Reagan o Margaret Thatcher al poder en sus respectivos países. Y ese fue el inicio de lo que después, en tono despectivo, se llamaría «neoliberalismo».

En el transcurso de la década de los setenta el sistema económico mundial (de Occidente, para ser claros) se trastocó con notoriedad. En lugar de crecer sin inflación, hubo inflación sin crecimiento (hasta inventaron una palabra: *estanflación*). En lugar de tipos de cambio fijos, que impedían el movimiento internacional de capitales, el mundo se movió a tipos de cambio flexibles, y miles de millones de dólares se desplazaron por todo el planeta.

En ese entorno fue que Luis Echeverría llegó a la presidencia de la República. En su primer año, 1971, la economía sufrió una desaceleración, que él quiso corregir al año siguiente con un fuerte impulso de gasto público. Para 1973 su secretario de Hacienda, Hugo B. Margáin, afirmó que ya no era posible continuar, porque tanto «la deuda externa como interna de un país tienen un límite, y ya llegamos a ese límite». Fue removido y reemplazado por José López Portillo, amigo de juventud de Luis Echeverría con muy poca experiencia política.

López Portillo llegó a la Secretaría de Hacienda cuando cambiaba la situación internacional. Ya con tipos de cambio flexibles, podía moverse capital entre países sin problema. Por otra parte, el alza en el precio internacional del crudo generó ganancias inmensas a los jeques árabes, quienes, al no tener en dónde acumular sus riquezas, la colocaron en bancos europeos y estadounidenses. Esos bancos requerían alguien a quién prestarle, y coincidió con la gran demanda de capital en América Latina. No solo México sufría una presión demográfica creciente y el desplazamiento a las ciudades; lo mismo ocurría en Argentina y Brasil, por mencionar las tres economías más grandes del continente en ese momento.

México incrementó su deuda de manera muy importante durante el gobierno de Luis Echeverría, porque ya no había otra forma de impulsar el crecimiento. Desde 1965 la fuente original de la dinámica económica se había agotado. En ese año se logró la máxima extensión sembrada en el país (hasta la fecha) y fue también el último en que México exportó maíz. A partir de 1966 ya no había cómo sostener el crecimiento de 3% por habitante que tanto se había festejado. Pese a que la deuda empezó a crecer en ese año, todavía entonces pudo controlarse, en buena medida porque el flujo de capitales no fue cosa sencilla antes de 1971.

En el sexenio de Echeverría, en cambio, la deuda creció de forma rápida y puede argumentarse que muy buena parte del crecimiento económico del periodo provino de ese endeudamiento. De 1970 a 1977 la economía mexicana aumentó en 46 000 millones de dólares, mientras la deuda lo hizo en 18 500 millones, es decir, 40%. Si extendemos el periodo a 1983, para incluir el último año de López Portillo en la presidencia, mientras el PIB creció en 89 000 millones, la deuda lo hizo en 57 000 millones, casi 64 por ciento.

El acceso fácil a créditos internacionales hizo pensar a Luis Echeverría que no había límite a sus decisiones y que su secretario de Hacienda estaba equivocado. La tradicional omnipotencia del presidente en México, sumada a ese acceso fácil a recursos internacionales, lo llevó a imaginar que incluso podía imponer su visión al resto del mundo. Se pensó como líder del Tercer Mundo, como potencial secretario general de la ONU. Los excesos cobraron factura al cierre del sexenio. En medio de rumores de un golpe de Estado, se tuvo que aceptar un ajuste cambiario que llevó al dólar de los 12.50 pesos, valor que había mantenido desde 1954, a 25 pesos de forma brusca.

Echeverría había hecho algo más: heredó el poder a su amigo López Portillo en contra de las reglas no escritas del sistema. Ya Cárdenas no estaba, no podía detenerlo. El resto del régimen se contentó con evitar una potencial reelección (con la que había jugado Echeverría). Sin embargo, extender la vida en el poder de un mismo grupo por 12 años rompía equilibrios. Por cierto, José López Portillo ganó una elección en la que solo compitió él. No hubo ningún candidato de oposición.

En su toma de posesión, López Portillo anunció que México tenía un manto petrolero inmenso, el segundo mayor del mundo, en el golfo de México. Cantarell, que recibe su nombre en honor al pescador que lo descubrió a inicios de los setenta, llevaría a México a la riqueza, a «administrar la abundancia», como dijo el mismo López Portillo un par de años después. Ciertamente, para inicios de los ochenta, Cantarell ya aportaba un millón de barriles diarios de crudo; esto hacía más que duplicar la producción nacional y colocaba a México en el mapa internacional.

El alza del crudo debido al embargo petrolero hizo factible la explotación en aguas someras, como en México, e incluso en mares más complicados, como el mar del Norte. Al usar su poder de mercado, la OPEP abrió la competencia, y después de la Revolución iraní, con el barril a cuarenta dólares, provocó su propia caída. La inflación se había convertido en el principal problema económico en Occidente y enfrentarla era lo más relevante para los Gobiernos. Como siempre, frenar la inflación exige reducir gastos, incrementar impuestos y, sobre todo, elevar tasas de interés para reducir el dinero en circulación. El alza de la tasa de referencia de la Reserva Federal fue espectacular. Cuando López Portillo tomó posesión a finales de 1976, no llegaba a 5%. Después de la Revolución iraní llegó a 10%. Entre 1980 y 1982 se mantuvo casi siempre por encima de 15%, e incluso llegó a estar en 19 por ciento.

El incremento en el servicio de la deuda, sumado al estancamiento en los ingresos petroleros, pero sobre todo a los excesos de López Portillo, llevaron al Gobierno mexicano a la catástrofe. En su Sexto Informe de Gobierno anunció que ya no teníamos dólares, que no podíamos cubrir nuestras obligaciones, que por eso expropiaba los bancos, que habría control de cambios y que el dólar, que había iniciado el año en 25 pesos, estaría ahora en 150 pesos.

En la década de los setenta México jugó a contrapelo de la economía mundial. Perdimos, como era de esperarse; pero conforme se hacía más evidente que no podríamos ganar, fuimos incrementando la apuesta, de forma que cuando ya no hubo más remedio, la derrota fue abrumadora. En septiembre de 1982 la incapacidad de México para enfrentar sus obligaciones dio inicio a la década perdida de América Latina. En los siguientes años prácticamente todos los países del continente enfrentaron inflaciones aceleradas, contracción económica e incremento de la pobreza.

Surgieron entonces dos versiones para explicar esta crisis. En una, de acuerdo con la narración que le he presentado, la tragedia tuvo su origen en la incapacidad del Gobierno mexicano para entender el contexto económico y en la soberbia presidencial, resultado de un sistema concentrado en esa posición. En la otra, se trataba de una agresión proveniente de los países desarrollados, que nos habían forzado a endeudarnos para después dominarnos mediante altas tasas de interés.[10]

El grupo que había gobernado los 12 años previos tuvo que dejar el poder; este quedó en manos de técnicos mejor capacitados en materia económica, que dedicaron casi todo el sexenio a rescatar la nave. Rumbo al siguiente periodo, los expulsados se dieron cuenta de que se les aplicaría la misma medicina y Miguel de la Madrid elegiría a alguien de su grupo como sucesor. Intentaron evitarlo e incluso construyeron una «corriente democratizadora» del PRI, que no era sino un esfuerzo por regresar al poder.

Al no conseguir nada, abandonaron al PRI e intentaron competir por fuera. Cuauhtémoc Cárdenas se convirtió en candidato del Partido Auténtico de la Revolución Mexicana (PARM), uno de los partidos de adorno fundados en décadas anteriores. Su apellido, sumado al esfuerzo de los expulsados por regresar, le permitió competir de verdad.

Por otro lado, desde 1982 el PAN se había transformado como reacción a la tragedia económica. Centenares de medianos empresarios, sobre todo del norte del país, se consideraron traicionados por el PRI y decidieron buscar el poder político. Invadieron el PAN (se hablaba entonces de la llegada de los «bárbaros del Norte»), lo convirtieron en un verdadero partido político y en 1988 llevaron como candidato a la presidencia a quien dirigía el Consejo Coordinador Empresarial, máximo órgano de representación privada, en 1982: Manuel Clouthier, Maquío.

La presencia de estas dos figuras en la elección redujo notoriamente la capacidad del PRI para ganar. De manera adicional, el candidato era Carlos Salinas de Gortari, responsable de la política económica del sexenio, y por lo mismo poco popular. La elección terminó de forma abrupta y los votos jamás se contaron por completo, lo cual favoreció la narrativa de un fraude espectacular.

Andrés Manuel López Obrador se incorpora al PRI en los años setenta, conoce la Ciudad de México, estudia en la UNAM, regresa a Tabasco para apoyar a Pellicer y, años después, a González Pedrero. No se suma a la «corriente democratizadora» en sus inicios, sino después de la elección presidencial de 1988, para lanzarse como candidato a la gubernatura de Tabasco. Fue derrotado, argumentó que había habido fraude, pero se convirtió en el dirigente del PRD en Tabasco. En 1991, durante las elecciones municipales en su estado, nuevamente reclamó fraudes que impidieron que sus candidatos ganaran. Promovió el «éxodo por la democracia» para instalarse en el Zócalo de la Ciudad de México. En 1994 volvió a competir por la gubernatura de Tabasco. Perdió, ahora frente a Roberto Madrazo, y repitió su acusación de fraude y su movilización al D. F. Recibió el respaldo del presidente Zedillo, que solicitó a Madrazo su renuncia, a lo que este respondió amenazando con la secesión de Tabasco de la federación. Poco después, con el respaldo de Cárdenas, López Obrador se convirtió en presidente nacional del PRD.

EL PETRÓLEO

El carácter mítico del petróleo en la historia nacional proviene sin duda de la expropiación petrolera de Lázaro Cárdenas. El general construyó y aprovechó ese evento para consolidar la creación del régimen de la Revolución. Era un gesto espectacular que aparecía a los ojos de los mexicanos como un acto de valentía y arrojo frente a las potencias extranjeras, algo por completo diferente de lo conocido hasta entonces: el virreinato español, la pérdida de la mitad del territorio frente a los gringos, la invasión francesa, el afrancesamiento mismo del Gobierno porfirista. Por primera vez México derrotaba a las potencias y no al revés.

En realidad no fue así, pero sí se trató de una gran oportunidad y un acto exitoso.

El petróleo en México se empezó a explotar con el inicio de siglo. Para 1911 los campos del norte de Veracruz y sur de Tamaulipas comenzaron a producir en serio, y para 1921 aportaban el 3% del mercado mundial de crudo. Sin embargo, su declinación inició pronto, y en ese mismo año se descubrió petróleo en el lago de Maracaibo, en Venezuela, por lo que las empresas petroleras decidieron moverse a ese país. En México desde 1917 la propiedad del subsuelo era de la nación, y las concesiones mineras (y petroleras) se volvían cada día más complicadas y costosas. Para los años treinta, México producía ya muy poco petróleo (figura 6).

FIGURA 6. Producción de petróleo en México

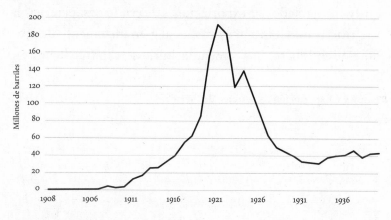

Fuente: Inegi, Estadísticas Históricas 2014, cuadro 11.1.1.

Fue en ese momento cuando Cárdenas decidió expropiar la industria petrolera, aprovechando no solo que su presencia se había reducido, sino que el entorno internacional le favorecía. El 12 de marzo de 1938 Alemania se anexaba Austria (Anschluss), y menos de una semana después Cárdenas decretaba la nacionalización de la industria (y en el mismo discurso, anunciaba la devaluación del peso). Contó con el apoyo de Josephus Daniels, embajador estadounidense en México, y del presidente Franklin D. Roosevelt, más preocupado por asegurar que Alemania no tuviese petróleo mexicano que por cualquier otra cosa. Pero la industria expropiada estaba lejos de ser la gran joya que imaginaban los mexicanos.

De hecho, de 1938 a 1958 México consiguió producir suficiente para el consumo interno y exportar unos pocos millones de barriles al año, pero en la década de los sesenta ya no se pudo mantener el excedente y a duras penas se logró cubrir la demanda interna de petrolíferos. En 1965, ese año fatídico del que ya he hablado, las exportaciones de crudo desaparecieron y se reactivaron hasta 1974, gracias al gran incremento de producción en Tabasco que comenté al inicio del capítulo (figura 7).

FIGURA 7. Exportación de petróleo de México

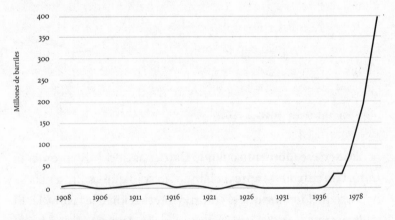

Fuente: Pemex, Anuario Estadístico, 1981.

La inundación petrolera de los años setenta financió excesos, como hemos visto, de Echeverría y López Portillo, que se acompañaron de dos grandes crisis: 1976 y 1982. En ambos casos esta se originó por excesos de gasto (crisis fiscal) y se reflejó en una devaluación brusca, puesto que México insistía en mantenerse bajo tipo de cambio fijo (flotación sucia, en el caso de López Portillo, que no es muy diferente).

No obstante, en esa misma década se creaban millones de empleos, universidades, se invertía en infraestructura, se desarrollaban polos turísticos. Se trataba de una gran paradoja: abundancia acompañada de crisis; crisis que parecían explicarse solo por un poco de laxitud en las finanzas públicas y un dólar que cambiaba bruscamente de precio.

Si en los años setenta era posible que el presidente controlase todo el Gobierno y que el Gobierno controlase más de la mitad del PIB a través de empresas propias (Pemex, la Comisión Federal de Electricidad, Telmex), centrales campesinas, Compañía Nacional de Subsistencias Populares (Conasupo), y el apoyo decidido de los grandes empresarios que se originaron por medio de concesiones (minería, medios electrónicos, etc.); si en los años setenta se podía crecer multiplicando la producción de petróleo; si el único error que se cometió en ese momento fue incrementar la deuda y provocar una devaluación de la moneda, entonces lo que debía hacerse para gobernar México en la actualidad no tiene ciencia.

El manual parece simple. Lo único que había que hacer era volver a concentrar el poder en el presidente, subordinar a los empresarios concesionarios, cuidar finanzas y tipo de cambio, y recuperar y fortalecer a Pemex, la Comisión Federal de Electricidad (CFE) y la Conasupo. Esa ha sido la «estrategia». Reviso ahora el tema del petróleo, lo demás lo veremos en otros capítulos.

APOSTAR POR EL PETRÓLEO

Aprovechando la legitimidad que le dio su amplio triunfo, y la considerable mayoría obtenida en el Congreso (así haya sido mediante el abuso de la ley), López Obrador se concentró en acumular todo el poder posible en su persona. Para eso canceló la construcción del aeropuerto, como hemos visto, en un acto que a la postre saldría muy costoso, pero que en ese momento le daba suficiente apalancamiento para que sus amenazas fuesen creíbles.

De inmediato procedió a desarticular los organismos autónomos, la herramienta que desde finales de los noventa se había utilizado para reducir el poder presidencial. Amenazó a un ministro de la Corte hasta forzarlo a renunciar, hizo lo mismo con consejeros de la Comisión Reguladora de Energía, la Comisión Nacional de Hidrocarburos, la de Competencia Económica. Eliminó el Instituto Nacional de Evaluación Educativa, impuso personas incapaces o serviles en la Comisión Nacional de Derechos Humanos, la Fiscalía Especializada en Delitos Electorales y hasta en Pemex y la CFE.

El caso de Pemex es muy relevante porque los nuevos funcionarios tomaron decisiones incluso antes de tomar posesión; entre ellas estaba cancelar la importación de gasolinas y de petróleo crudo ligero para alimentar las refinerías. El resultado fue la escasez de gasolina y diésel que se sufrió a finales de diciembre de 2018, pero sobre todo en enero y primeras semanas de febrero de 2019. Hábil para el engaño, López Obrador afirmó que se trataba de un contratiempo producto de la lucha contra el robo y comercio ilegal de hidrocarburos, conocido popularmente como «huachicol». Además del costo para consumidores y empresas por el faltante de combustibles, esto dio lugar a una tragedia en Tlahuelilpan, Hidalgo, el 18 de enero de 2019. Una tubería de gasolina perforada para robar provocó un incendio masivo que mató a un centenar de personas. A diferencia de lo ocurrido en Iguala cinco años antes, ahora nadie gritó «fue el Estado», aunque es claro que la muerte de esas personas resultó de la negativa de cerrar el flujo de gasolina por parte de Pemex.

López Obrador estaba convencido de que Pemex era la «caja chica» del Gobierno y que bastaba tomar posesión de la empresa para contar con recursos cuantiosos que impulsarían el desarrollo nacional, o al menos el gasto público. No era así. Desde 2004 la producción de petróleo inició su caída debido al agotamiento de los campos que nos permitieron colocarnos en el mapa mundial del petróleo desde los años ochenta, ubicados en la Sonda de Campeche. Aunque el incremento de producción en Tabasco, que ya hemos referido, fue muy importante en su momento, palideció frente a los campos de aguas someras, mismos que desde entonces han sido el sostén de la producción nacional, en especial Cantarell (Akal) y Ku-Maloob-Zaap (KMZ). El comportamiento se muestra en la figura 8.

El primero prácticamente ha dejado de producir (está en treinta mil barriles diarios, frente a casi dos millones que llegó a producir a inicios del siglo XXI), mientras que KMZ, que logró compensar en parte la caída, ya está por debajo de seiscientos mil barriles diarios, frente a los 850000 que alcanzó hace una década. Es muy probable que en un sexenio se encuentre en los niveles que hoy tiene Akal. Todos los demás activos de Pemex suman un millón de barriles al día,

FIGURA 8. Producción de petróleo de México

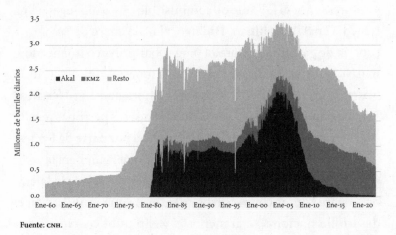

Fuente: CNH.

aunque lograron alcanzar 1.5 millones en la década de los noventa. No hay incrementos relevantes en los últimos años en estos campos.

Hemos tenido dos periodos de fuerte contracción en la producción. Entre 2005 y 2009, y luego entre 2015 y 2019. Si consideramos solo la producción de Pemex, en cada uno de ellos hay una caída de 780000 barriles diarios. Entre ambos, una caída mucho más suave, de 170000 barriles diarios perdidos en cinco años. En los tres años que llevamos desde el fin del segundo momento de gran caída, el ritmo es similar: a febrero de 2022 la caída de producción de Pemex es de 82000 barriles diarios. En ambas mesetas la caída promedió treinta mil barriles diarios por año.

Dicho de otra forma: la actual Administración no ha logrado un comportamiento diferente en términos de producción de petróleo. Lo que sí lo ha hecho es la reforma energética de

2013: esta permitió la producción privada, que ya alcanza 84000 barriles diarios en los primeros meses de 2022. Es gracias a ello que la caída parece haber desaparecido, porque reemplaza casi por completo la pérdida de Pemex de los últimos tres años. Esto se puede ver en la figura 9.

Figura 9. Producción de petróleo de México

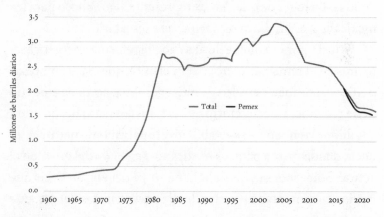

Fuente: CNH.

Ahora bien, los esfuerzos del Gobierno por detener la caída de producción de petróleo han tenido un costo no menor. No es fácil saber con exactitud cuánto ha metido el Gobierno en la empresa. Mi estimación es que se han inyectado 550000 millones de pesos (ingresos reportados por Pemex bajo el rubro «otros») y se han dejado de cobrar derechos por hidrocarburos por 440000 millones hasta el cierre de 2021. Es decir, en tres años hemos ingresado un billón de pesos en Pemex sin recibir nada a cambio: ni más producción, ni mejor administración, ni más reservas. Nada.

Por otra parte el patrimonio de Pemex, es decir, su valor neto, que resulta de descontar de todos sus activos (incluyendo los campos petroleros) sus deudas (incluyendo pasivo laboral), pasó de -1.5 billones de pesos en 2018 a -2.1 billones en 2021. Leyó usted bien: Pemex tiene un patrimonio negativo: si se vendiesen todos los activos que tiene, incluyendo las áreas de las que saca petróleo, nos faltaría un par de billones de pesos para cubrir sus deudas. En lugar de que Pemex represente algo valioso para los mexicanos, al final vamos a tener que rescatarlo.

Es justo por eso que se llevó a cabo la reforma energética, al menos en el tema petrolero: para permitir que otras empresas pudieran producir petróleo y vender gasolina, porque Pemex no tiene remedio. Con la reforma y las transferencias hechas para equilibrar las finanzas se estabilizó este patrimonio negativo (es decir, deuda futura para los mexicanos) en -6.6% del PIB. Con el actual Gobierno, se ubica ahora en -8.9% del PIB. Es decir que hemos incrementado nuestra deuda en 2.3 puntos del PIB, que equivalen, con el valor que este tenía en 2021, a 600 000 millones de pesos adicionales. Eso es justo lo que nos decía el patrimonio negativo que veíamos en el párrafo anterior.

Es decir que en tres años le metimos un billón de pesos a Pemex, pero su endeudamiento creció en 600 000 millones adicionales. La pérdida supera 500 000 millones de pesos por año. Para que tenga una referencia, eso equivale a 10% del gasto presupuestal del Gobierno mexicano.

Así pues, no se realizó una reforma fiscal para recaudar más (en un país con una de las recaudaciones más bajas del mundo) y se desperdiciaron 500 000 millones en favor de un aeropuerto que agrega 1% a la conectividad aérea de la capital del país; y a ello habría que sumarle 10% del gasto gubernamental que terminaría hundiéndose en Pemex. Todo ello sin obtener nada a cambio.

DOS BOCAS

Pero esto todavía no incluye el proyecto insignia del presidente: la refinería de Dos Bocas. Lo que he comentado hasta ahora tiene que ver solo con la operación de Pemex, no con este proyecto adicional, mismo que desde un inicio controló la secretaria de Energía, Rocío Nahle.

La idea de tener una refinería adicional no parecía buena desde el principio. La razón es que refinar no es un gran negocio. Hay que refinar el petróleo, porque en su estado natural no sirve de mucho, pero no se gana dinero en ese proceso, sino en la producción del crudo. La refinación es un proceso de separación de las abundantes cadenas de hidrocarburos que se encuentran mezcladas en el crudo. De forma simple se puede decir que la separación se realiza por el tamaño de las cadenas: las moléculas con cuatro carbonos o menos suelen ser gaseosas (metano, etano, propano, butano). A partir de cinco moléculas, el hidrocarburo puede permanecer en estado líquido a cierta temperatura. El producto más liviano después del gas es la gasolina, a la que le sigue la turbosina (queroseno), el diésel, el combustóleo (*fuel oil*) y los asfaltos. Estoy simplificando, para ilustrar.

Cuando se refina petróleo ligero, más o menos la mitad se convierte en gasolinas y queroseno, una cuarta parte en diésel y el resto termina como combustóleo, asfaltos, parafina, etc. Un petróleo más pesado produce menos de lo primero y más de lo último. Si, además, el petróleo es «amargo», es necesario endulzarlo; eso quiere decir quitarle el azufre. El petróleo que producimos en aguas someras en México es pesado y amargo, y por lo mismo es más complicado refinarlo, y sus productos son menos valiosos.

En 2021, en el Sistema Nacional de Refinación (SNR), se procesaron en promedio 711000 barriles diarios de crudo, que produjeron 233000 barriles diarios de gasolina (32%), 244000 de combustóleo (34%), apenas 28000 de queroseno (4%) y 118000 de diésel (16%). El último producto relevante en tamaño fue el gas seco, con 7% del total.

Aunque el combustóleo puede venderse como combustible para calefacción, ya no se acepta para el transporte marítimo (que era el mercado más importante para Pemex en tiempos recientes); tampoco debería usarse para generación eléctrica, el principal uso que le ha dado este Gobierno, ya que no hay modo de almacenar la cantidad que se produce. Como lo vio en el párrafo anterior, nuestro SNR produce más combustóleo que gasolina; esto es resultado del tipo de crudo que producimos, razón por la cual la reforma energética buscó reducir la refinación en México.

Como puede ver en la figura 10, la decisión de incrementar la refinación, bajo el actual Gobierno, nos ha llevado a producir más gasolina, pero mucho más combustóleo, cuyos niveles de hecho ya se han superado en 2021.

Además de obtener productos no deseados, la refinación en México pierde cantidades ingentes de dinero. Si con dicha

Figura 10. Gasolina y combustóleo

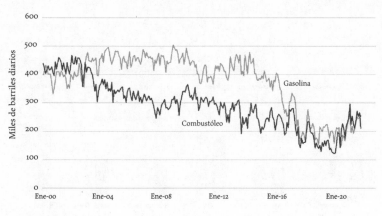

Fuente: sie-Sener.

producción casi no se alcanza a pagar ni el crudo que se procesa, hay que añadir a ello los costos de capital, personal y energía, que son muy considerables. En la figura 11 le presento en dos tramos la producción por refinería. En la parte superior aparecen los productos obtenidos, y en la parte inferior el costo del crudo y el valor de lo producido a precios internacionales. Observe que dos refinerías, Madero y Minatitlán, ni siquiera producen lo suficiente para pagar el insumo. Las otras cuatro sí logran hacerlo, pero le recuerdo que no incluyo aquí ningún otro costo.

De este modo, la refinación ha perdido en promedio 100 000 millones de pesos cada año durante lo que llevamos del siglo XXI. Considerando todo lo anterior, la idea de construir una nueva refinería parecería, al menos, extraña.

Sin embargo, al presidente le pareció una gran idea. Me imagino que le habrán prometido que Dos Bocas no sufrirá los

FIGURA 11. Producción y resultados por refinería, 2021

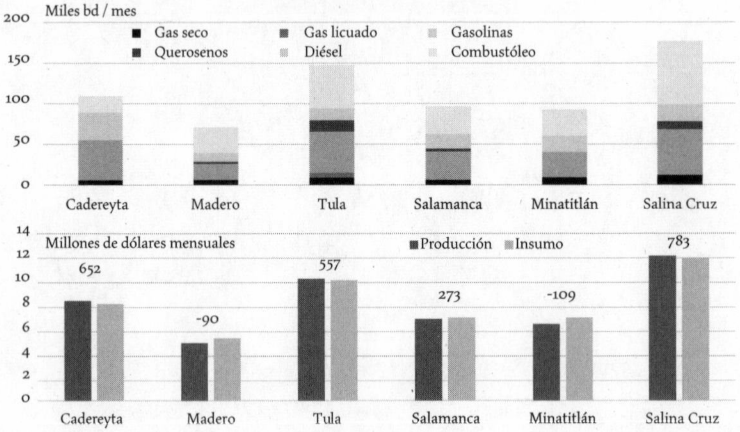

Fuente: Con datos de SIE-Sener, eia.gov y Banco de México.

mismos problemas que las demás refinerías, aunque sin duda su personal estará en el mismo sindicato (que es la causa de buena parte de las pérdidas) y procesará el mismo crudo (que no deja margen). Lo único diferente de Dos Bocas serían las instalaciones nuevas, y eso sin duda debe tener algún impacto positivo.

Un detalle adicional es que, debido a su pequeño margen de ganancia, una refinería requiere décadas para recuperar la inversión. La transición energética rumbo a la electricidad y la presión internacional para reducir la emisión de gases de invernadero apuntan a una reducción en el mercado de petrolíferos en el futuro. Aunque esta transformación no sea inmediata, el riesgo de que se haga realidad en dos o tres décadas es considerable.

De hecho, la pandemia tuvo un efecto de aceleración en la transición, y muchos Gobiernos, pero sobre todo muchas empresas automotrices, han anunciado que todos sus modelos para 2030 serán eléctricos o al menos híbridos. Supongamos que el impacto en México sea mucho más lento debido a la dificultad que muchas personas tienen para cambiar de auto; esto explicaría la alta edad promedio de los vehículos. Es difícil imaginar que, después de 2050, la mayoría de los autos, incluso en México, no sean híbridos o eléctricos.

Por otra parte, el consumo de gasolinas y diésel en México ronda ochocientos mil barriles diarios, pero Pemex ya nada más aporta 550000. Lo demás se cubre con empresas privadas, que importan petrolíferos de sus marcas. Como veíamos, 40% de esa demanda se cubre con la producción del SNR. De Deer Park, la refinería de Houston que Pemex ya compró en su totalidad, se pueden esperar hasta 110000 barriles diarios, que sería más o menos lo mismo que podría producir Dos Bocas a plena capacidad. Se ha dicho que procesará 340000 barriles diarios de crudo, una cantidad similar a Deer Park. Seguirían faltando cerca de cien mil barriles diarios para lograr cubrir la demanda que tiene Pemex hoy, de forma que la promesa de autosuficiencia no podría cumplirse.

De hecho, es ya imposible alcanzar esa meta. Si la demanda es de ochocientos mil barriles diarios, eso implica consumir 2.4 millones de barriles diarios de crudo, pero México a duras penas puede producir 1.6 millones. Si la idea de Dos Bocas era la famosa «soberanía energética», o al menos autosuficiencia, no podrá ser.

Si bien no parece existir ninguna razón para construir la refinería, el costo y tiempo de construcción tampoco ayudaban. Cuando se intentó contratar a una empresa extranjera especializada en este tipo de instalaciones, las que participaron ofrecieron cuatro años de construcción y 12500 millones de dólares de costo. Rocío Nahle afirmó que podría construirse en menos tiempo, y por solo 8000 millones de dólares.

Todo indica que la refinería no podrá operar antes de 2026, aunque seguramente podrán inaugurar algún edificio, acompañado de tanques y tubería, y es posible que el costo supere los 14000 millones de dólares. Considerando la demanda potencial, es muy probable que jamás se pueda pagar. Era una mejor opción, y así se sugirió desde el principio, rentar instalaciones existentes en Estados Unidos, o incluso comprarlas ya depreciadas. Pero las ganas de inaugurar algo, en el emblemático Tabasco, aunque sea destruyendo manglares, ganaron la partida.

Capítulo 4. Cadena de errores

Forzar el Sistema Nacional de Refinación a procesar más crudo pesado ha tenido varios efectos. Primero, Pemex pierde más dinero; segundo, no hay dónde almacenar el combustóleo. Puesto que ya no se puede vender para transporte marítimo como se hacía antes, lo único que puede hacerse es enviarlo a la CFE para que lo use como combustible en la generación de electricidad.

Eso, no obstante, eleva los costos de generación y contamina el ambiente, en especial cuando el combustóleo tiene demasiado azufre. El impacto en Tampico y en Ciudad de México (debido a Tula) es bastante notorio, pero el sufrimiento de la población por la contaminación del aire no parece importarle a nadie.

El costo de producción, en cambio, sí se ha convertido en un problema. En la reforma energética de 2013 se regularizó el mercado eléctrico. Desde 1992 se ha permitido en México la generación de electricidad por parte de privados, algo que había estado prohibido desde la estatización de la industria en 1960. Pero el cambio de 1992 no fue constitucional, solo a nivel de reglamento. En 1998 se intentó modificar la Constitución, pero el PAN no aceptó; ya le había dado a Zedillo la reforma del Instituto para la Protección al Ahorro Bancario (IPAB), y el partido consideró que ya no convenía aceptar más cambios, aunque fuesen en el sentido de la propuesta económica del PAN.

El mercado eléctrico funcionó entonces de forma irregular por muchos años, hasta que en 2013 se estableció un nuevo arreglo, mucho más moderno, que permitía a cualquier persona generar electricidad y venderla a la red. Hasta entonces, la generación ocurría al interior de empresas que consumían su propia electricidad, o podían constituir grupos para intercambiar. El excedente podía venderse a la CFE al precio que esta determinara. Aunque ese arreglo permitió que la CFE se concentrara en el mercado de hogares y pequeñas empresas, y que las grandes pudieran suministrarse su propia electricidad, no era la mejor forma de lograr un mercado competitivo.

Lo que se estableció en 2013 fue un sistema en el cual todos los generadores de electricidad podían vender a la red, controlada por la CFE, mediante un mecanismo de subasta administrado por un organismo independiente: el Centro Nacional de Control de Energía (Cenace). Este recibía las ofertas de las empresas y asignaba cargas dependiendo del costo de cada una de ellas, comenzando por las ofertas más baratas. El sistema funcionó muy bien por varios años, permitiendo que las inversiones en electricidad crecieran de manera importante, y que muchas de ellas fuesen en energías limpias. Por ejemplo, México logró los precios más bajos para nuevas inversiones en energía solar y eólica en 2017 a nivel mundial.

Esto ha permitido que las energías limpias ocupen cada vez un espacio mayor en la generación eléctrica, aunque México siga dependiendo de termoeléctricas. En la figura 12 se muestra el crecimiento de la generación a través de energías limpias (fotovoltaica, eólica, biomasa) y la hidroeléctrica, que proporcionalmente cubre cada vez menos demanda.

Figura 12. Aportación de hidroeléctrica y energías limpias

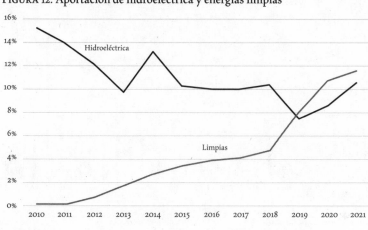

Fuente: Inegi.

La apertura al capital privado se reflejó en flujos crecientes de inversión extranjera directa en el sector para aprovechar la creciente demanda. Aunque en electricidad hay inversión desde finales de los noventa, el crecimiento importante ocurre con la reforma de 2013, que por fin ordena adecuadamente el mercado. Es notorio cómo, con el nuevo Gobierno, ese crecimiento desaparece, y los flujos de inversión regresan a niveles de inicios del siglo xxi, cuando se trataba de una actividad irregular (figura 13).

El problema con la menor inversión es que la generación eléctrica se rezaga frente al resto de la actividad económica. Esta fue la razón por la cual se optó en 1992 por permitir inversión privada de manera irregular, y por la que la reforma de 2013 fue tan agresiva. La electricidad simplemente no alcanza, y si se ralentiza la inversión por uno o dos años, se sufre el riesgo de escasez; que se refleja en apagones o caídas

FIGURA 13. Inversión extranjera en electricidad y petróleo

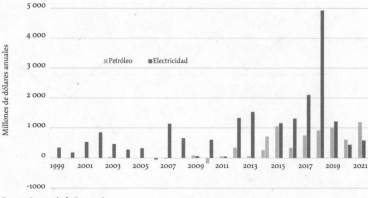

Fuente: Secretaría de Economía.

de voltaje, un problema serio para los usuarios, sobre todo en la industria.

En la figura 14 se puede ver esa carrera continua entre el tamaño de la economía (ejemplificado por el Indicador Global de la Actividad Económica, IGAE) y la electricidad. Es notorio el salto que tuvo lugar alrededor de la reforma (2014) y luego con las subastas de sol y viento que ya se comentaron (2018). Pero también se percibe el freno ocurrido a partir de 2019, de manera que para 2021 ya estamos de nuevo en riesgo de abasto. De forma anecdótica, en el Bajío ya no hay electricidad disponible para la instalación de nuevas empresas grandes.[11]

Esta deficiencia en el crecimiento de la disponibilidad de electricidad es un fenómeno de la actual Administración. En las anteriores, la electricidad ha crecido siempre por encima de la economía en su conjunto. La figura 15 muestra el crecimiento de la economía, y del sector de generación de electricidad para los

Figura 14. Valor agregado total y de electricidad

Fuente: Inegi.

últimos sexenios. En este, aunque la economía se ha contraído, la oferta de electricidad lo ha hecho más rápido, de forma que a pesar de estar en una larga recesión, el riesgo de desabasto es creciente.

Figura 15. Valor agregado total y de electricidad, por sexenio

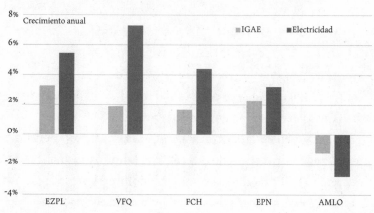

Fuente: Cálculos propios con base en datos del Inegi. Para AMLO hasta 2021.

La causa es, esencialmente, la CFE, que no ha podido mantener su participación en el mercado. De eso se ha quejado su director, Manuel Bartlett, y por eso se propuso desde el Gobierno limitar a los privados y de este modo darle más espacio a la Comisión. Puesto que el costo de generación es mucho mayor, esto implicaría un mayor precio para los usuarios. En el caso de los hogares, se podrían mantener las tarifas actuales ampliando el subsidio, lo que implicaría un gasto para el erario. En el caso de la industria y el comercio, el mayor costo muy probablemente se reflejaría en elevación de precios. En cualquier caso, desde la perspectiva de los consumidores, la idea no tiene sentido.

En la figura 16 se puede ver cómo la CFE mantuvo su generación eléctrica alrededor de 172 millones de MWh entre 2010 y 2018, pero cae durante la actual administración. En 2019, antes de la pandemia, perdió 9%, para llegar a 157 millones de MWh, de donde la caída por la pandemia la llevó a 126 mi-

FIGURA 16. Generación eléctrica por origen

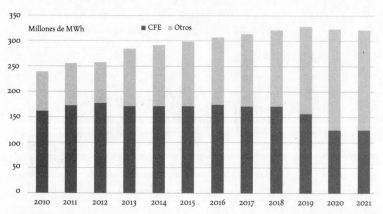

Fuente: Con datos del Inegi y SIE-Sener.

llones. Para 2021 su recuperación ha sido parecida a la de los generadores privados, de forma que se mantiene en 38-39% de la oferta nacional.

Como hemos visto, esta caída en la capacidad de competir de la cfe se ha reflejado en pérdidas, que aparecen en la figura 17. La reforma de 2013, a cambio de abrir el mercado, ofrecía a la Comisión condiciones para su operación en números negros, que se hacen realidad en 2016 con las transferencias que el Gobierno había prometido con ese fin. Desafortunadamente, con la actual Administración las utilidades se redujeron de manera notoria en 2019, y desde 2020 son pérdidas. Es importante mencionar que estas pérdidas son mayores debido a la decisión de Bartlett de devolver a los trabajadores de la cfe las pensiones que tenían antes de la reforma, que son muy costosas para la empresa y muy elevadas, en comparación con lo que tiene un trabajador promedio en el país. La información acerca de esta modificación aparece en los reportes financieros de 2020 de la cfe; le presento un extracto en la figura 17.

Figura 17. Resultado de operación de la cfe

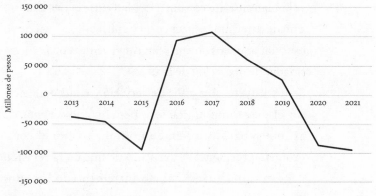

Fuente: Con datos de reportes financieros de la cfe.

Durante 2020 la CFE realizó, junto con el Sindicato Único de Trabajadores de la República Mexicana (Suterm), la revisión integral del Contrato Colectivo de Trabajo Único 2020-2022. Dicha negociación se llevó a cabo siguiendo las directrices del Gobierno federal, considerando como una de las prioridades el respeto irrestricto a los derechos de los trabajadores y el apego a la normatividad vigente; esto logró la modificación de 68 cláusulas de común acuerdo, que representan 84% del Contrato Colectivo de Trabajo, con el fin de modernizar a la Empresa.

Las modificaciones de mayor impacto son:

- Eliminación de prerrogativas sindicales extralegales, con las que se estiman ahorros para la CFE, por alrededor de 168 mdp.
- Modificación de las cláusulas 2, «Partes Contratantes», y 24, «Comités mixtos de productividad», separando las funciones y reservando aquellas que son competencia exclusiva de la Dirección General.
- Se acordó la revisión de más de cuatro mil convenios que se habían suscrito con anterioridad entre la CFE-Suterm a fin de determinar su vigencia y aplicabilidad, así como cancelar aquellos que no sean congruentes con las necesidades de operación de la CFE.
- Se restituyeron los años de servicio y edad para ejercer el derecho a jubilación, beneficiando a más de 45 000 trabajadores, en cumplimiento con el compromiso presidencial, derivado de que en la revisión del CCT 2016-2018 se habían incrementado los años de servicio.

- En cumplimiento al Artículo 65, fracción XII de la Ley Federal de Presupuesto y Responsabilidad Hacendaria, se excluyó a los trabajadores de confianza, respetando los derechos y prestaciones que han disfrutado, y se emitirán dos reglamentos:
  - Reglamento de Trabajo para los Servidores Públicos de Mandos Superiores de la Comisión Federal de Electricidad y sus Empresas Productivas Subsidiarias.
  - Reglamento de Trabajo para el Personal de Confianza de Mandos Medios y Operativos de la Comisión Federal de Electricidad.
- El esquema «Cuenta Individual de Jubilación» (Cijubila), no tuvo ningún cambio, continúa siendo un fondo de previsión que se alimenta con las aportaciones de la empresa con 10% y del trabajador con 6.7%; dicho fondo está constituido en Banorte y es administrado conjuntamente por la CFE y el Suterm. Su objetivo es que los trabajadores obtengan una pensión digna en función de los recursos ahorrados, sin que represente para la empresa un pasivo laboral.

De acuerdo con Enrique Díaz-Infante, el incremento en el pasivo laboral debido a esta decisión fue de más de 120 000 millones de pesos, al pasar de 361 000 a 488 000 millones de pesos. Por otra parte, el efecto de este cambio es incrementar la desigualdad en esta dimensión social, puesto que un trabajador de la CFE puede jubilarse a los 55 años de edad y 25 de trabajo, con una pensión que es 14 veces mayor que la del promedio de los trabajadores privados.[12]

LA DISPUTA LEGAL

El nombramiento de Manuel Bartlett en la Comisión Federal de Electricidad ha sido un grave error de López Obrador. Bartlett tiene una visión que uno puede calificar de nacionalista y estatista, correspondiente con la forma en que se entendía el mundo en los años setenta, y por ello debe haberle parecido buena idea a López Obrador encargarle la CFE. Puesto que había ocupado la Secretaría de Gobernación en tiempos de De la Madrid, y la de Educación con Salinas, además de la gubernatura de Puebla, es claro que tiene experiencia en los niveles más altos de la política. Desafortunadamente, no parece tener nociones elementales de administración, algo indispensable para una empresa como la CFE.

La primera muestra de ignorancia ocurrió con motivo de gasoductos cuya construcción se había contratado en años anteriores y que se entregarían durante 2019, pero que a Bartlett le parecían muy caros. Convenció al presidente de que así era y que debían modificarse los contratos. El entonces secretario de Hacienda, Carlos Urzúa, afirmó después que el problema tenía su origen en la incapacidad de Bartlett de entender el concepto de valor presente. Así parece, porque los contratos renegociados terminaron costando a México mil millones de dólares adicionales después de modificar el calendario de pagos. Aunque parece que se paga menos en las primeras entregas, el costo total del contrato es superior.

Más importante aún, al no tener idea de la competencia, Bartlett está convencido de que la CFE podría producir si no hubiese otras empresas, y que es eso lo que la detiene y no sus propios problemas. En consecuencia, ha promovido que se impida a privados producir electricidad, con la intención de que la CFE sea quien ocupe el espacio. Para ello, ha intentado que el Cenace coloque primero la generación de la Comisión y después la de los privados. Desafortunadamente para él eso no es posible, porque el orden de despacho depende del precio, y la generación de la CFE es más cara que la de los privados, y por ello entra al final. Por ejemplo, en enero de 2022, según memoria de cálculo de la Comisión Reguladora de Energía (CRE), el costo por MWh de la CFE fue de 1628 pesos, contra 1012 pesos de los Productores Independientes de Energía (PIE), 547 pesos de la energía limpia de las subastas y 894 en el mercado mayorista (entre empresas).

Puesto que la reforma de 2013 estableció este orden de despacho para el Cenace, sería necesario modificarla para lograr que la CFE coloque primero su producción, aunque sea más cara. Lo que intentaron primero fue hacerlo mediante un acuerdo del Cenace, del 29 de abril de 2020, que con la excusa de interrupciones en suministro buscaba dejar fuera energías limpias para dar espacio a la generación de la Comisión. El 15 de mayo de 2020 la secretaria de Energía, Rocío Nahle, publicó la Política de Confiabilidad, Seguridad, Continuidad y Calidad en el Sistema Eléctrico Nacional (SEN), buscando darle sustento al acuerdo del Cenace.

Hubo solicitud de amparo de diversos actores, entre ellos Greenpeace, que recibió suspensión provisional el 28 de mayo y definitiva el 23 de junio, y el amparo el 18 de noviembre de 2020.[13] La Comisión Federal de Competencia Económica promovió una acción de inconstitucionalidad frente a la «Política...»

que fue decidida a su favor por la Segunda Sala de la Suprema Corte de Justicia de la Nación el 2 de febrero de 2021. Finalmente, el acuerdo fue declarado insubsistente por el juez segundo de distrito, especializado en la materia, el 7 de junio de 2021.[14]

Cuando esto no funcionó, lo que hicieron fue modificar la Ley de la Industria Eléctrica, cuya última versión se publicó en el *Diario Oficial* el 9 de marzo de 2021. Al igual que ocurrió con el decreto, la ley fue impugnada y los jueces especializados procesaron de manera favorable los amparos, con lo que la Suprema Corte atrajo el tema, a solicitud de un tribunal colegiado, el 25 de abril de 2021. El presidente de la Corte, sin embargo, no dio curso al tema sino hasta que el ministro Fernando Franco se retiró, en diciembre de 2021. De esta forma, el proyecto sobre la constitucionalidad de la Ley correspondió a la ministra Loretta Ortiz, que había sido diputada en 2013 y se había opuesto a la reforma energética entonces.

El proyecto que presentó la ministra afirmaba que la Ley de la Industria Eléctrica, en su versión de 2021, era compatible con la Constitución. La discusión en la Corte se realizó los días 5 y 7 de abril de 2022, y hubo ocho ministros que discreparon del proyecto de Ortiz, pero debido a que la discusión no se realizó sobre la totalidad de la ley, sino sobre dos aspectos separados (competencia económica y protección al ambiente), solo se contabilizaron siete votos en contra en cada caso.[15] Existe una provisión en la Corte que establece que para declarar la constitucionalidad de una ley es necesario contar con mayoría calificada (ocho de 11 ministros), de forma que la ley no fue declarada inconstitucional, pero al existir una clara mayoría de ministros en contra, en ambos aspectos, es evidente que cualquier amparo será procesado afirmativamente. Sin embargo, los senadores del grupo plural han solicitado a la Corte que aclare el tema pues, en lo relativo al orden de despacho, es claro que hubo ocho votos en contra del proyecto de la ministra Ortiz, es decir, en contra de la constitucionalidad de la ley.

Es un misterio por qué la propuesta de López Obrador de una reforma constitucional en el tema eléctrico se presentó el 30 de septiembre de 2021, frente a la LXV Legislatura, en la que no tiene los votos suficientes para aprobarla, y no antes del 30 de agosto del mismo año, en la LXIV Legislatura, en la que tenía 333 diputados y 75 senadores en su coalición. Podía obtener la aprobación en la Cámara de Diputados, y presionar a diez senadores. Pudo haberla propuesto al inicio de su gobierno, cuando tenía popularidad extraordinaria. En cambio, lo hace cuando tiene 277 diputados y su popularidad se encuentra bastante reducida.

Muchos analistas políticos consideran que, en realidad, a López Obrador no le interesa mucho el tema eléctrico, sino que lo utiliza como herramienta política, buscando quitar aún más votos al PRI. La votación por Morena provino del PRD y el PRI. Al primero le quitó casi todo el respaldo, y ha logrado reducir de manera significativa al PRI, pero su votación se ha estancado por debajo del 40%. Aunque con eso le puede alcanzar para ganar en un escenario de tres competidores, corre el riesgo de ser derrotado con una coalición en contra. Terminar de desfondar al PRI le permitiría garantizar la permanencia de su fuerza política.

Solo así se entiende que busque reformas constitucionales sin tener el respaldo suficiente y que no las haya llevado a cabo cuando sí lo tenía. En cualquier caso, la reforma fracasó. Primero se pospuso su votación para abrir foros de discusión, y luego el PRI propuso que se votara después de las elecciones estatales de junio. Sin embargo, el presidente quiso hacerlo en la misma semana de su ejercicio de revocación de mandato, tal vez esperanzado en que el respaldo que recibiría en él facilitaría doblegar a los priistas.

No fue así, sino al contrario. Asistieron al ejercicio de revocación 16 millones de personas, y aunque 90% de ellas lo hizo para respaldar a López Obrador, en lugar de ser señal de fortaleza, resultó un signo claro de debilidad: eran apenas la mitad de los votos que lo llevaron a la presidencia tres años antes. Esa misma noche el PRI reiteró que votaría en contra de la reforma, y el lunes anunciaron que pernoctarían en la Cámara para evitar un posible bloqueo de los accesos. En un último intento, Morena pospuso la votación hasta el domingo 17 de abril, y logró obligar a un diputado priista a cambiar el sentido de su voto.

En cualquier caso, el domingo 17 no se logró la mayoría calificada para una reforma constitucional en materia eléctrica. En lugar de tener los 333 votos necesarios, los aliados del presidente apenas llegaron a 275. Siguió a eso una campaña muy agresiva, impulsada por Mario Delgado y Citlali Hernández, presidente y secretaria general de Morena, acusando de traición a la patria a los diputados y diputadas que votaron contra la reforma. El mismo presidente López Obrador ha optado por sumarse a esa campaña, generando un ambiente de polarización extrema.

Capítulo 5. Primero el Sureste

Aunque la frase que más ayudó a López Obrador a promover su presidencia fue «Primero los pobres», que se apropió del lema del gobierno de Enrique González Pedrero en Tabasco, en los hechos no hay políticas públicas que vayan en esa dirección. De manera general, su política de desarrollo social ha sido costosa para los más pobres y más parece dirigida a la compra de votos que a mejorar la situación de las personas en situación de pobreza.

Sin embargo, es también claro que sus proyectos más importantes están ubicados en el sureste del país, de forma que todo indica que, más que primero los pobres, se trata de primero el Sureste. Ahí está Dos Bocas, y los dos grandes proyectos ferroviarios: el Tren Maya y el Transístmico.

Los proyectos ferroviarios

Tren Maya

Se trata de otra ocurrencia de López Obrador que no parece tener un origen claro. El Tren Maya busca conectar el sur de Tabasco (Palenque) con Campeche, Mérida, Cancún, y de ahí regresar hacia Campeche a través de dos áreas protegidas (Sian Ka'an y Calakmul). En defensa de su proyecto, ha utilizado dos argumentos incompatibles. Por un lado, afirma que el tren potenciaría el turismo de la región (la actividad más importante en Quintana Roo, pero de menor importancia en Campeche y Yucatán); por otro, sugiere que el tren permitirá impulsar la industria de exportación (muy importante en Yucatán, menos en Campeche, casi inexistente en Quintana Roo).

Digo que los dos temas me parecen incompatibles porque se trataría de dos trenes distintos. Uno, turístico, debería pasar cerca de la zona de turismo de sol y playa, las ciudades representativas, y las zonas arqueológicas. El otro, de carga, debería conectar puertos con parques industriales. Llevar a pasear carga a la Riviera Maya o a Calakmul, además de costoso, sería muy peligroso a causa del terreno. Como usted sabe, la península de Yucatán tiene una orografía muy particular: no hay ríos, y el agua se mueve por debajo de la tierra, en cuevas interconectadas que pueden tener cientos de kilómetros de longitud. Buena parte del terreno es karst, piedra caliza no muy capaz de resistir pesos excesivos.[16]

Si el objetivo es turístico, conviene considerar que los mercados de sol y playa, ecológico y cultural no son iguales. Aunque sin duda hay muchas personas que pueden aprovechar para visitar Cancún o la Riviera Maya en un hotel todo incluido y de ahí moverse a conocer zonas arqueológicas, haciendas henequeneras, Mérida o Campeche, no parece que sea la mayoría. Es más probable que personas que gustan del turismo ecológico (selva, cenotes) también disfruten el cultural.

La idea de tener una mejor conectividad entre Mérida y la Riviera Maya para mover turismo hacia la capital de Yucatán es antigua. A pesar de que existe una autopista y buen servicio de transporte terrestre, el tema del tren ya se ha considerado antes.

De hecho, la gobernadora de Yucatán (2007-2012) Ivonne Ortega, promovió el proyecto del Tren Rápido Transpeninsular (TRT) en su campaña, e incluso hacia el final de su gobierno siguió insistiendo en él;[17] afirmaba que la parte que correspondía al Gobierno del estado se había concluido, pero faltaba la parte del Gobierno federal. Al respecto, en 2015 el Gobierno federal canceló la idea al mismo tiempo que pospuso indefinidamente el tren rápido México-Querétaro (debido al escándalo de la Casa Blanca).[18] El argumento tuvo que ver con el costo.

Al cierre de 2021, se dice que el Tren Maya lleva un avance de 25%[19] (aunque Jiménez Pons, director del proyecto hasta el 24 de enero de 2022, había dicho que era de 32%). El costo estimado original era de 120000 millones de pesos, pero para esa fecha ya se habían gastado 40000 millones, y el monto total se había ajustado a 200000 millones de pesos. Uno de los últimos anuncios de Jiménez Pons fue el cambio de trazo en la Riviera Maya, que fue el séptimo, según el conteo realizado por *El Economista*.[20]

En 2019, frente al anuncio del Tren Maya (sin proyecto claro, sin permisos, pero ya anunciado), el Instituto Mexicano para la Competitividad (IMCO) realizó una nota en la que sugería que el costo del tren, en el escenario optimista, se acercaría a los 500 000 millones, y en el pesimista podría llegar a superar un billón y medio de pesos.[21] En cuanto a la operación, para ser rentable, según la nota, se requerirían entre seis y nueve millones de usuarios anuales (un promedio de 16000 y 25000 pasajeros por día).[22]

Transístmico

La idea de conectar el golfo de México con el Pacífico data del siglo XIX. Por eso, durante el porfiriato se desarrollaron los puertos de Salina Cruz y Puerto México (hoy Coatzacoalcos) y el ferrocarril conectando ambos. Sin embargo, con la Revolución y posteriormente la entrada en operación del canal de Panamá en 1914, el corredor transístmico quedó en desuso.

En diversas ocasiones se ha intentado recuperar la idea, pero el proyecto siempre ha quedado inconcluso.[23] Ahora, el Gobierno de López Obrador creó un organismo público para impulsarlo, el Corredor Interoceánico del Istmo de Tehuantepec (CIIT). Hasta inicios de 2022 los presupuestos destinados a este proyecto han sido muy pequeños,[24] considerando que el mismo Gobierno (en su brazo legislativo) ha estimado que se requieren 104000 millones de pesos para ello.[25]

Sin embargo, al desglosar lo que significa el proyecto, no parece que esa cantidad de dinero pueda ser suficiente (véase la siguiente lista). Por ejemplo, y siguiendo el análisis del Tren Maya, la construcción del tren eléctrico de alta velocidad tendría un costo superior a los 100000 millones de pesos. Como referencia, por 9000 millones de pesos se construirá un pequeño tren eléctrico en la terminal de Pajaritos, a un lado de Coatzacoalcos.[26]

Primera etapa

1. Evaluación preliminar del proyecto con el objetivo de verificar cuáles son las correcciones que deberán realizarse a la ruta y dar inicio a la parte ejecutiva del proyecto.

2. Construcción de un tren eléctrico de doble vía de trescientos kilómetros para unir los puertos de Coatzacoalcos y Salina Cruz en tan solo tres horas, a efecto de que las empresas navieras tengan ahorros de tiempo y dinero, cuando en el canal de Panamá tardan en cruzar más de ocho horas con un tiempo de espera de hasta 15 días.

3. Corrección de la curvatura y pendiente en 56 kilómetros de área de trabajo en la Línea Z, así como la conexión al puerto de Salina Cruz para mejorar la seguridad y eficiencia de la vía.

4. La corrección de la pendiente de la Línea Z permitirá potenciar la vía para lograr el enlace con los puertos de Coatzacoalcos y Veracruz, y con la línea del Tren Maya con destino a las ciudades de Mérida y Valladolid, en Yucatán.

5. Al final de la primera etapa del proyecto, el tren de carga tendrá una capacidad para transportar trescientas mil toneladas al día.

6. El tren eléctrico estará equipado con tecnología de punta de última generación.

Segunda etapa

1. Habilitación y mejora de los actuales puertos y la construcción de otros más de carga en ambos océanos.
2. Construcción de cuatro muelles en cada uno de los dos puertos nuevos, en el río Tehuantepec en Oaxaca y en la laguna del Ostión en Veracruz.

Para defender la idea del Transístmico, se ha afirmado que puede competir con el canal de Panamá, pero eso no es algo simple, porque las operaciones de descarga y carga de los barcos, para trasladar por tierra, puede convertirse en un problema serio, como lo fue por décadas cualquier operación en puertos en México debido al control sindical de dichas operaciones. Quienes más han promovido este proyecto lo hacen pensando en que puedan desarrollarse parques industriales a lo largo del trayecto, y en ese caso existe la estimación de que serán necesarios 50000 millones de dólares (un billón de pesos) para que de verdad pueda funcionar.[27] Finalmente, la presencia del crimen organizado en la zona ha dificultado el avance del proyecto.[28]

Impacto social y ambiental de los proyectos

Hemos analizado, hasta donde es posible, porque no hay transparencia en la actual Administración, los montos que tendrían que invertirse y algunas indicaciones del grado de avance de los proyectos del Tren Maya y el Transístmico. No obstante, en ambos casos existen otros impactos que pueden ser muy importantes y que han generado resistencia.

En primer lugar se encuentra el impacto ambiental, que en el caso del Tren Maya se considera de gran importancia. Como se ha dicho, el terreno sobre el que debe construirse el tren no es fácil. Las cuevas por las que se mueve el agua y el carácter kárstico del terreno implican dificultades técnicas que, si son atendidas, elevarían notoriamente el costo. Debido a la voluntad de «austeridad» de la Administración, que más bien ha significado hacer caso omiso de las complicaciones y elegir la opción más barata, es muy razonable suponer que no van a cuidar esos detalles. Por otra parte, al cruzar por reservas de la biosfera provocarán daños a la fauna, que no podrá moverse como acostumbra.

Existe además un impacto social relevante, porque ambos trenes cruzan zonas indígenas e incluso comunidades que eligen a sus gobernantes por usos y costumbres. Lo menciono porque eso significa que no tienen una relación cercana con la democracia representativa o, para ser más claro, con las formas de gobierno modernas. De hecho, una de las causas del menor desarrollo en el sur y sureste del país tiene que ver con la renuencia de las comunidades a incorporarse a esta lógica. Me ha tocado ver en persona la renuencia a que se abran caminos entre comunidades, porque si bien eso les permitiría comerciar mejor, también traería ideas diferentes que no quieren escuchar. Esto es particularmente cierto en Oaxaca y Chiapas, pero también existe en los estados vecinos.

POLÍTICA ASISTENCIALISTA

Al hablar de los impactos sociales de los proyectos no hay duda de que el cambio de política social ha sido lo más relevante que ha ocurrido en la actual administración. Se eliminaron los programas más exitosos de los gobiernos previos, y se regresó a la política asistencialista que fue preponderante hasta 1997. Al respecto, sabemos que ese tipo de programas son regresivos, es decir, ayudan más a quien menos lo necesita.

Quien ha documentado mejor el carácter progresivo o regresivo de los programas sociales, desde hace un par de décadas, es John Scott, profesor del Centro de Investigación y Docencia Económicas (CIDE) y por buen tiempo consejero del Consejo Nacional de Evaluación de la Política de Desarrollo Social (Coneval). En la figura 18 se muestra su evaluación de los programas progresivos (las barras a la izquierda) y regresivos (a la derecha) todavía en el sexenio de Peña Nieto. Claramente, el programa que más ayudaba a los más pobres, el más progresivo, era Progresa-Oportunidades-Prospera, y en un lugar cercano se hallaba el Seguro Popular. Estos dos programas fueron cancelados por la actual Administración y sustituidos por becas universales (el primero) y por el Instituto de Salud para el Bienestar, o Insabi (el segundo), que nunca pudo funcionar y para 2022 está siendo reemplazado por una rama del IMSS que tampoco tendrá la posibilidad de atender los más de cuarenta millones de personas que cubría el Seguro Popular (detalles más adelante).

Prácticamente el único programa progresivo del Gobierno actual es el de la pensión no contributiva (que en años recientes se llamaba «70 y más»). Sin embargo, por la forma en que se ha intentado universalizarlo, es muy probable que no lo sea tanto. Para poder entregar esta pensión a todos, se inició por los padrones de pensionados del IMSS e ISSSTE, mismos que ahora reciben, además, la pensión no contributiva. Como puede ver en la figura 18, esos programas son los más regresivos de todos.

FIGURA 18. Coeficientes de concentración de las transferencias públicas en México: 2014-2016

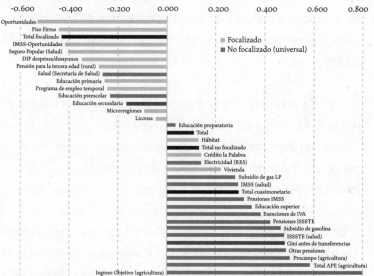

Fuente: Tomado de J. Scott (2009), "Redistributive Constraints under High Inequality: The Case of Mexico", Research for Public Policy, Inclusive Development, ID-07-2009, RBLAC-UNDP, Nueva York (Figura 18).

El impacto de las decisiones sobre política social se hizo evidente con la Encuesta Nacional de Ingresos y Gastos de los Hogares 2020, acerca de la cual Gonzalo Hernández Licona, secretario ejecutivo del Coneval hasta 2019, publicó lo siguiente:

Hoy en julio 2021 ya tenemos información sobre el desempeño del Gobierno actual respecto a la política social. La Encuesta de Ingresos y Gastos de los Hogares (Enigh) levantada por el Inegi, que recaba información directamente de los hogares y no de las oficinas gubernamentales, señala que el apoyo monetario de programas sociales y de becas gubernamentales se incrementó en 45% en términos reales entre 2018 y 2020. Esto suena bien de inicio. El problema es que cuando se observa lo que recibieron los hogares más pobres —específicamente el 10% más pobre, también conocido como el decil I de ingreso— las transferencias gubernamentales cayeron 32%. AMLO incrementó los programas sociales respecto a 2018, pero le redujo el apoyo a la población más pobre.[29]

De manera más clara, mientras que las transferencias del Gobierno al 20% más pobre de los mexicanos se reducían, el apoyo de becas y programas sociales para el 30% más rico creció en 129%. Específicamente, la desaparición de Progresa-Oportunidades-Prospera fue trágica para los más pobres del país:

En el caso del programa Oportunidades/Prospera, que fue eliminado en esta administración, este fue sustituido desde 2019 por tres programas: Becas Benito Juárez para Educación Básica, para la Educación Media Superior y Jóvenes Escribiendo el Futuro (becas universitarias). Lo que pasó con esas becas es trágico. El monto total se redujo 35% entre 2018 y 2020, pero la reducción ¡fue de 63% para el decil más pobre y hubo un incremento de 380% para el decil más rico! No solo eso, para el 70% de las familias más pobres el apoyo gubernamental se redujo 42% en promedio en este sexenio. He tenido oportunidad de tener el testimonio reciente de familias en Morelos y en Oaxaca que coinciden en que hoy reciben menos apoyo para sus hijos en primaria, secundaria y preparatoria de lo que recibían anteriormente con Prospera.[30]

El impacto del cambio de política social, me parece, es muy claro: los más pobres perdieron, y los apoyos regresaron a sectores medios (e incluso altos), como era común en el México del siglo xx, cuando esos recursos servían para mantener contenta a la población urbana y con ello legitimar el eterno Gobierno del régimen de la Revolución. No tiene nada de raro que el regreso de ese grupo al poder vaya acompañado del mismo tipo de política social.

Sin embargo, incluso considerando ese objetivo, los resultados han sido más bien malos. Podemos identificar cuatro grandes programas: Jóvenes Construyendo el Futuro (JCF), Sembrando Vida, las Becas Benito Juárez y la pensión no contributiva.

Jóvenes Construyendo el Futuro

El programa Jóvenes Construyendo el Futuro tenía como objetivo apoyar a «jóvenes de entre 18 y 29 años de edad en condiciones de exclusión social y laboral». Esto se lograría a través de «incluir en actividades productivas a jóvenes de 18 a 29 años que no estudian ni trabajan, propiciando la conexión de los mismos con unidades económicas dispuestas y con posibilidad de brindarles capacitación en el trabajo». Para ello, se otorgaría a estos jóvenes una beca que inició con 3600 pesos mensuales, en

2020 fue de 3748, y para 2021 alcanzó 4130 pesos al mes,[31] más un seguro de salud facultativo (vía IMSS) por 12 meses, tiempo en el que estarían laborando en un centro de trabajo en el que recibirían capacitación.

Lo que se ofreció fue que, más allá de la beca mensual y el seguro, lo importante sería capacitar a los jóvenes para que, al término de sus 12 meses, pudieran incorporarse en el mercado laboral. La evaluación realizada a este programa por el Coneval en 2020 es contundente:

> Uno de los hallazgos más relevantes es que JCF no dispone de mecanismos, instrumentos metodológicos o recursos humanos suficientes para revisar que los planes de capacitación satisfagan criterios de calidad y que las capacitaciones se realicen en apego a lo establecido en tales planes. Tampoco hay una manera de comprobar que se estén transfiriendo los conocimientos, desarrollando las habilidades o inculcando los hábitos de trabajo deseados; o que el periodo de capacitación y las jornadas semanales son suficientes y adecuadas para generar el efecto esperado en los becarios: incrementar su empleabilidad.[32]

Es decir: Jóvenes Construyendo el Futuro no cumple su único objetivo social. No prepara a los jóvenes para incorporarse de mejor manera al mercado laboral, aunque sí les da un apoyo monetario, que no todo mundo recibe de la misma forma:

> La experiencia de los becarios asentados en localidades marginadas, los que tienen educación básica o menos, los que no disponen de equipo de cómputo o conectividad a internet o los que hablan

alguna lengua indígena [...] refirieron haber tenido dificultades para realizar su registro en el Programa. Además, no acceden a toda la información que se difunde a través de redes sociales y de la plataforma del Programa y no están en condiciones de realizar su evaluación mutua de manera oportuna, aunado a que enfrentan dificultades para retirar dinero de sus cuentas bancarias, pues no siempre existen cajeros electrónicos en sus comunidades. Asimismo, la mayoría de estos becarios entrevistados ignoraban que tenían acceso a un seguro médico; y desconocían si había una clínica del IMSS cercana a su domicilio.[33]

Por cierto, tanto en este programa como en toda la política social existe un grupo de personas que ha resultado muy nocivo: los Servidores de la Nación. Con base en un censo que ellos realizaron, se determinaron políticas sociales y se cancelaron programas bien diseñados. Se ha documentado su participación en épocas electorales, y como el Coneval ha mostrado, más que ayudar, confunden a los beneficiarios, claramente con un objetivo político:

Otro hallazgo importante fue la identificación de estrategias operativas que no generaron los resultados esperados. Estas tienen que ver con la participación en procesos del Programa de los Servidores de la Nación, quienes son personal de la Coordinación Integral de Programas para el Desarrollo, adscritos a la Secretaría de Bienestar. La primera estrategia se vincula con el proceso de difusión del Programa en zonas marginadas y la segunda con el registro de becarios. De acuerdo con los becarios entrevistados que tuvieron contacto con estos servidores públicos, la información que les proporcionaron fue poco precisa, y ninguno de estos becarios resultó incorporado al Programa por la vía del Servidor de la Nación, pese a que los jóvenes les entregaron la documentación solicitada. Si bien los Servidores de la Nación ya no están involucrados en el Programa, esta experiencia debería servir para fortalecer la capacitación y la supervisión a los Mentores de la Nación, quienes, en buena medida, asumieron las funciones de los Servidores de la Nación en el Programa. Sin embargo, en el trabajo de campo se identificó que los Mentores no cuentan con los insumos necesarios para realizar sus funciones (equipos telefónicos, servicio de internet, viáticos, papelería y espacios de oficina) y tampoco tienen acceso a seguridad social ni seguro de vida.[34]

Aunque Jóvenes Construyendo el Futuro atendió a más de un millón de personas en 2019, para 2021 ya nada más cubría a cuatrocientos mil.[35] De acuerdo con el Coneval, este programa podría tener un efecto negativo en la asistencia a la escuela, puesto que los incentivos económicos son más altos, incluso en comparación con Jóvenes Escribiendo el Futuro.[36]

Pero esto era esperable. El 21 de junio de 2019, en *El Financiero*, publicaba «Jóvenes en construcción»:

El boletín del IMSS en el que se reporta la situación del empleo (es decir, de los asegurados trabajadores), además de la información normal, traía un dato que llamaba la atención: que ya tenían registrados a 481 548 personas en el programa Jóvenes Construyendo el Futuro.

El dato fue utilizado por el presidente para minimizar la caída en generación de empleo. En su percepción, aunque se hayan perdido 75 000 empleos en lo que va de su administración, la existencia de estos casi quinientos mil jóvenes compensaría las cosas. Evidentemente, son temas diferentes. Los jóvenes del programa cuentan con una beca, que incluye el seguro facultativo en el IMSS, por un año. Esa beca les ofrece 3 600 pesos libres cada mes. Esa cantidad es aproximadamente un tercio del salario promedio que reciben los asegurados al IMSS, pero 15% superior al salario mínimo general en el país.

Como sea, el que para mayo hubiese casi quinientos mil jóvenes inscritos me parece algo impresionante, y al momento de escribir estas líneas, veinte días después del cierre de mayo, la cifra es ya de 693 000. El programa tiene un límite de 2.3 millones de jóvenes, que según los lineamientos solo recibirán este apoyo por doce meses.

La idea de dar acceso a los jóvenes a empresas, para que puedan capacitarse, o tener contacto directo con la producción, parece buena a primera vista. Sin embargo, el carácter masivo del programa me genera muchas dudas. Aunque en los lineamientos se establece que habrá una evaluación, dudo que pueda ser homogénea considerando que hay más de 136 000 centros potenciales de trabajo (de todos tamaños y sectores), o con la profundidad necesaria. En otras palabras, en lugar de ser algo parecido al sistema dual alemán, parece más algo para mantener ocupados a los jóvenes por un año, a cambio de una cantidad nada despreciable de dinero.

De hecho, la cifra puede resultar un incentivo negativo. Si alguien quiere estudiar licenciatura, la beca que ofrece el Gobierno es de 2 400 pesos mensuales, también por un año. Si está en media superior, son ochocientos pesos. Y lo que se paga a médicos en

servicio social, e incluso en residencia, es menos de la mitad de
la beca de Jóvenes...

En este momento hay 110 000 jóvenes anotados en Chiapas,
86 000 en Tabasco, 71 000 en Veracruz, 65 000 en Estado de México,
49 000 en Guerrero, 40 000 en Michoacán, y 31 000 en la Ciudad
de México. En esos siete estados se encuentra el 65% de los jóvenes
afiliados. Llama la atención que en los estados al norte del paralelo
20, hay entre dos mil y seis mil en cada entidad. Algunos tienen
un poco más, pero no llegan a diez mil.

El otro elemento interesante es el costo. Cada joven recibe
3 600 pesos libres, pero además hay que pagar el seguro en el IMSS
(facultativo y para jóvenes, es relativamente barato), más los costos
de administración. Digamos que el costo por joven es de cuatro
mil pesos mensuales. Eso significa que en mayo se destinaron casi
dos mil millones de pesos a este programa, y para junio la cifra
quedará cerca de 2 800 millones. En los próximos doce meses,
al menos 33 000 millones se destinarán a este programa. En su
punto máximo, serán 110 000 millones.

Dos dudas. La primera es: en dónde está este gasto en las finanzas públicas, porque no aparece en la STPS [Secretaría del Trabajo
y Previsión Social]. La segunda: el monto máximo del programa
representa el 10% del gasto programable de los ramos adminis-
trativos. Por mucho tiempo se dijo que solo el 10% del gasto del
Gobierno podía reasignarse, porque el resto estaba comprometido.
¿Todo se está moviendo hacia allá? ¿O por eso están mutilando
al Gobierno? Puras preguntas.

Sembrando Vida

El programa Sembrando Vida parece ser todavía peor que Jóvenes Construyendo el Futuro, en tanto que además de no poder evaluarse de manera correcta por falta de información, ha desplazado otros programas que estaban funcionando[37] y se ha insistido en que puede causar más daño ambiental, porque con tal de recibir los apoyos, las personas pueden destruir sembrados existentes.[38] El programa consiste en un apoyo mensual de cinco mil pesos, más insumos y materiales para la reconversión de la tierra.

Con respecto a su operación, el Coneval mostraba en 2020 las deficiencias:

> Únicamente una de las localidades que visitó el equipo evaluador había recibido la mayoría de los materiales e insumos para instalar el vivero comunitario. El resto se vio en la necesidad de improvisarlos aportando los recursos que, de acuerdo con el programa, debieron usarse para su parcela o su manutención para montar el vivero y poder empezar a producir la planta (que tampoco llegó) requerida para su Sistema Agroforestal (SAF).
>
> La entrega de la planta por parte de la Sedena tampoco se dio en el momento adecuado (ni de la forma adecuada). Esto implicó que la planta llegara maltratada y a destiempo para un trasplante efectivo. Se requirió de un arduo trabajo por parte de los sembradores para preparar las pocetas que los técnicos les indicaron requerían (de acuerdo con los sembradores, de último minuto) y compras adicionales de productos que debieron ser entregados (como hidrogel) con recursos de los sembradores para rescatar

dichas plantas. «Quiero agregar también que los arbolitos y las semillas que nos van a dar se están tardando mucho, ahorita va a llegar mayo que es el mes en el que empieza a llover y no van a estar. No ha llegado completo el material y no podemos seguir avanzando por esto».[39]

Otro aspecto negativo fue que el Coneval no podía mostrar resultados, pues no había información al respecto:

A la fecha, los informes trimestrales publicados por la Secretaría de Bienestar no dan cuenta del avance en la operación del programa en el cumplimiento de sus objetivos y metas de entrega de bienes (insumos y herramientas y servicios, asistencia social y productiva). Únicamente proporcionan información sobre el uso de los recursos financieros. El equipo evaluador no cuenta con evidencia documental que permita identificar el avance operativo del Programa y poder valorar avances y logros.[40]

Lo que se dice en la nota acerca de la información sobre los recursos financieros es: «La única información publicada proviene de las declaraciones de la secretaria Albores al periódico *Excelsior* en la que informó que la meta en 2019 era sembrar 575 millones de plantas y solo se pudo contar con ochenta millones (13.9% de las necesidades), de las cuales es posible que solo cuarenta millones pudieran ser viables».

Becas Benito Juárez

Las becas Benito Juárez se establecieron como reemplazo del programa Progresa-Oportunidades-Prospera, que desde su fundación en 1997 había sido el programa social más importante en México, y el más reconocido a nivel internacional. Ese programa consistía en apoyar a las familias mediante la combinación de alimentación, salud y educación. Se ofrecía a la familia apoyo alimentario a cambio de asistir a la consulta médica, así como becas para que los hijos siguieran en la escuela. De forma importante, la beca para niñas era mayor que la otorgada a niños, reconociendo dos fenómenos muy importantes: por un lado, la menor propensión de las familias a enviar a las niñas a la escuela, y por otro, la mayor importancia que tiene la educación de las mujeres en el desarrollo social.

Lo primero que debe quedar claro es que la cobertura de las Becas Benito Juárez es inferior a la de Prospera, en términos cuantitativos:

Respecto a la cobertura se encuentra que con el nuevo diseño es menor para las familias más pobres. Prospera atendía a 6.5 millones de familias, y el programa de becas para educación básica atiende a 3 680 000 familias. La cobertura es mucho mayor en el programa de becas para la educación media superior (2.5 millones), pero en ese caso no hay focalización. El programa para estudiantes de educación superior solo cubre a trescientos mil estudiantes. Por tanto, puede concluirse que la cobertura para las familias pobres es notoriamente menor bajo los nuevos programas de becas que bajo Prospera. Algo que resulta particularmente grave en el nuevo diseño de los programas es el hecho de brindar una beca por familia a los estudiantes en educación básica, ya que se corre un alto riesgo de abandono escolar. En este caso se observa que el cambio se hizo sin tomar en cuenta el aprendizaje de Prospera ya que, el hecho de brindar becas diferenciadas según el grado escolar y el género se considera uno de los éxitos relativos del Programa Prospera, debido a que logró mantener una importante tasa de escolarización de la población beneficiaria.[41]

No solo la cobertura es menor e inadecuada, sino que la operación es errática:

La evaluación de Coneval (2020, 2020b y 2020c) encontró que la operación de los programas fue bastante errática, y que hubo un afán por llegar directamente a los beneficiarios sin involucrar apropiadamente a las instituciones educativas, a pesar de que los programas se operan por la SEP. También se encontraron problemas de diseño en los mismos. Más bien se constata una urgencia por entregar dinero a los beneficiarios que una estrategia pensada de combate a la pobreza. También se encontró que ninguno de los programas intenta fomentar el objetivo que se propone, que es el cumplimiento de los niveles escolares para los que se otorgan, ya que las becas se otorgan sin ningún requerimiento a sus beneficiarios.

Respecto a la pregunta central sobre si los nuevos programas de becas mejoran las limitaciones que fueron señaladas a Prospera, se encuentra que uno de los principales problemas que le señalaban a Prospera era la necesidad de mejorar la calidad de los servicios educativos, cuestión que no se encuentra planteada en la actual política social.

El balance es que la transformación de Prospera en los programas de becas para el bienestar no se hizo para mejorar las limitaciones del anterior programa, sino que se trató de una transformación voluntarista del mismo.

Pensión no contributiva

El programa social más amplio del actual Gobierno, y el más difícil de criticar, es la pensión no contributiva. A cualquiera le parece grave que una persona mayor no tenga recursos para vivir, y es frecuente que eso sea considerado una injusticia. Por lo tanto, ofrecer dinero a los adultos mayores tiene gran apoyo popular. La parte que suele no considerarse es de dónde podrían salir esos recursos, ni cómo se puede asegurar que lleguen a las personas que más lo requieren.

El Coneval construyó un indicador de pobreza multidimensional que fue pionero a nivel internacional. No solo se mide el ingreso de las personas, sino su acceso a alimentación, a servicios de educación y salud, a seguridad social, y las condiciones de la vivienda. La dimensión en la que hay menor cobertura en México es precisamente en la seguridad social, las pensiones. En 2008, dos terceras partes de los mexicanos no tenían pensión, ni expectativas de tenerla. En los siguientes años esta proporción fue disminuyendo, en parte gracias al nuevo sistema de seguridad social (Afores) y en parte al programa «70 y más», mismo que desde 2006 fue creciendo a un ritmo de 26% anual (nominal). Con la llegada del actual Gobierno, ese ritmo se duplicó, llegando a 54% anual (nominal) para 2022.

Este incremento, sin embargo, no parece tener efecto en la proporción de personas sin acceso a seguridad social, según la Enigh 2020. En 2018, 53.5% de los hogares no tenía acceso a seguridad social, y en 2020 esa proporción se había reducido a 52%. Una reducción de 1.5 puntos porcentuales, inferior a la de 2.1 puntos ocurrida entre 2016 y 2018, por ejemplo. La figura 19 muestra cómo no hay un avance diferente en seguridad social, mientras que hay una caída brutal en acceso a servicios de salud, lo que representa una pérdida de una década. Ya hablaré más de eso.

FIGURA 19. Proporción de población por carencias

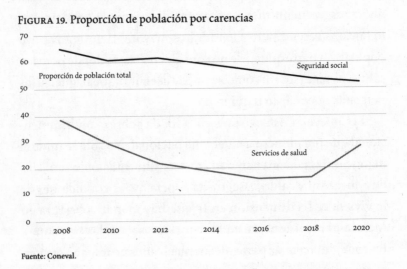

Fuente: Coneval.

De acuerdo con información anecdótica, el problema parece ser que, en el ánimo de lograr la mayor cobertura posible con rapidez, la pensión no contributiva, por ser de carácter universal, inició su implementación aprovechando los padrones de beneficiarios de las pensiones del IMSS y el ISSSTE, con lo que estas personas ahora reciben dos pensiones: aquella para la que aportaron, y la no contributiva. Esto puede ser muy agradable para los pensionados, pero es un error grave de política pública: amplía la desigualdad, mientras le cuesta al erario.

El costo no debe menospreciarse, porque mientras las pensiones contributivas alcanzarán un monto de casi un billón de pesos en 2022, las no contributivas estarán en 220 000 millones, un 22% de las otras, pero creciendo a un ritmo muy superior.

Ya sabíamos que las pensiones contributivas son un problema de mediano plazo, porque su costo será muy difícil de cubrir en la actual década. Ahora el problema ha crecido, y no poco. Las siguientes administraciones sufrirán con este tema, como se verá más adelante.

Empleo y salarios

Es claro que la mejor forma de lograr que las personas vivan mejor es a través de buenos empleos que paguen buenos salarios, pero es algo que México no ha logrado. Aunque se suele pensar que fue la crisis de 1982 la que produjo un gran incremento de informalidad y migración, la verdad es que ya entonces teníamos un grave problema de cobertura de servicios de salud y seguridad social, que no se veía porque la inmensa mayoría de quienes estaban marginados también estaba fuera de las ciudades.

La migración ocurrida en los años setenta produjo presiones muy elevadas, mismas que llevaron a las decisiones de Echeverría y López Portillo y que terminaron en la gran crisis de 1982 y en el gran desplazamiento de la población, ya no a la Ciudad de México, sino al norte del país.

En la década de los ochenta el salario mínimo dejó de tener relevancia, conforme la inflación se fue comiendo todos los salarios. Aunque se siguió usando como referencia para contratos, no se utilizaba mucho como tope inferior a los salarios formales. En la economía informal, ese mínimo, como cualquier otra indicación legal, no tiene validez.

Aunque siempre hubo personas interesadas en que el salario mínimo se convirtiese en un piso real, fue hasta el sexenio de Peña Nieto que confluyeron varios actores, políticos y empresariales, que promovieron primero la desvinculación del salario mínimo de la multitud de contratos, reglamentos y leyes, para después poder incrementarlo. El primer incremento se logró a inicios de 2018, todavía en el gobierno de Peña Nieto, y fue de 10%. En 2019, primer año bajo el gobierno de López Obrador, hubo un incremento al mínimo general y otro, más grande, en la frontera norte. El incremento promedio fue de 16.2%. Para 2020 el incremento fue de 20%, y en 2021, aun con el considerable golpe de la pandemia, volvió a subir de forma importante, en un 15%. Para 2022 el incremento alcanzó 22 por ciento.

Estos incrementos acumulados significan que, desde 2017, último año en que el mínimo no podía subir por la telaraña de contratos que lo impedían, prácticamente se ha duplicado. Incrementar de tal forma un salario de referencia nacional es un experimento que, me parece, puede tener malos resultados. Conforme el salario mínimo ha ido creciendo, las empresas formales han compactado su estructura salarial y, todo indica, reducido su contratación de nuevos trabajadores.

Esto es algo que cuesta trabajo aceptar, pero cuando los empleos formales se protegen, lo que se obtiene es menos empleos, porque para las empresas cada uno de los puestos trae consigo un pasivo laboral. Es preferible esperar lo más posible antes de contratar una persona, porque despedirla resultaría muy costoso.

De forma que, por más que los incrementos al mínimo parezcan maravillosos, el resultado puede no serlo. La figura 20 muestra cómo el incremento del salario real promedio de los trabajadores registrados en el IMSS, durante estos años, no ha sido muy diferente del que se logró en los tiempos de Vicente Fox, sin incrementos espectaculares del salario mínimo.

Por otra parte, el empleo pierde ritmo desde el primer año de López Obrador, aunque con la pandemia el golpe fue mucho

FIGURA 20. Incremento real anual del salario promedio IMSS

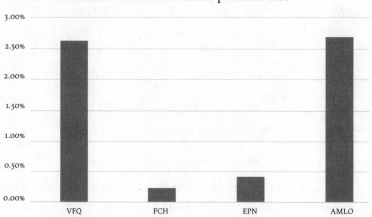

Fuente: Cálculos propios con datos del IMSS y el Inegi. Para AMLO, primeros tres años.

mayor. Pero la falta de recuperación, incluso en 2022, es muestra de que lo que está detrás de la falta de crecimiento de empleos es la política del Gobierno. Por un lado, el ataque a las inversiones, por otro, el alza del mínimo; ambas situaciones nos han alejado notoriamente de la tendencia de la década previa. En 2021 nos quedamos cortos en más de dos millones de puestos de trabajo. La figura 21 muestra los puestos de trabajo en el IMSS, y la tendencia de largo plazo que con claridad se interrumpe con la llegada del actual Gobierno. Note usted la diferente pendiente, para 2021, entre la tendencia (línea punteada) y los datos (línea continua). La diferencia con la tendencia, entonces, continúa ampliándose.

FIGURA 21. Puestos de trabajo registrados en el IMSS

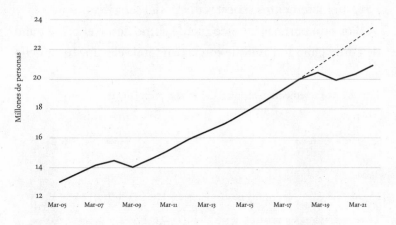

Fuente: IMSS. Tendencia, proyección propia. Para 2022, los datos llegan al primer trimestre.

La falta de creación de empleos formales ha llevado al incremento de la informalidad, como puede verse en la figura 22. En 2021 el pico queda muy cerca de 59%, similar al observado tres años antes. Y mientras que el empleo formal se mantiene al nivel de 2019, el informal crece en medio millón de personas.

Figura 22. Informalidad

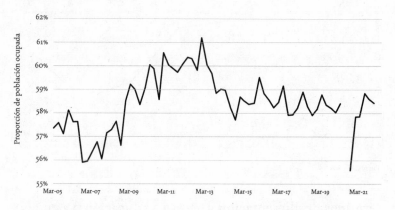

Fuente: Inegi. Población ocupada en el sector informal y aquella sin acceso a instituciones de salud.

Pobreza

La combinación de falta de crecimiento económico y empleos y una política social asistencialista dio como resultado un incremento de pobreza entre 2018 y 2020. La Encuesta de Ingresos y Gastos de los Hogares del Inegi muestra un crecimiento en pobreza extrema significativamente mayor que el que ocurrió durante la Gran Recesión de 2009, replicado aquí en la figura 23.

Ya veíamos que la pobreza en México no se mide solo por ingreso, sino por el acceso a diversos satisfactores. En la figura 19 notábamos que el avance en seguridad social no fue diferente al de años anteriores, mientras la caída en acceso a salud fue terrible. En la figura 24 es posible observar que, en

FIGURA 23. Población en situación de pobreza extrema

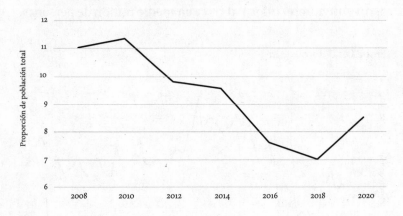

Fuente: Coneval.

términos de alimentación y acceso a educación, ya en 2018 se había sufrido un retroceso, el cual para 2020 no mejora, sino al contrario.

FIGURA 24. Proporción de población por carencias

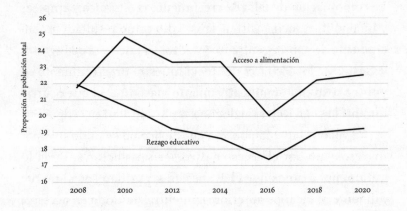

Fuente: Coneval.

No extiendo más este apartado porque me parece redundante con lo que ya se ha cubierto. En resumen, en los primeros años del gobierno de López Obrador la pobreza se ha incrementado. En parte sin duda por el golpe externo que significó la pandemia, pero sobre todo por la combinación de una economía estancada, resultado de decisiones del Gobierno, y de los cambios en política social que privilegian la compra de votos, y no la atención a los más desfavorecidos. Lo más grave, sin embargo, no es esto. Lo más grave es lo que ha ocurrido en el sistema de salud.

SALUD

Como ocurre con otros temas que ya se han discutido, los problemas en el sector salud no tienen su origen con la llegada de López Obrador a la presidencia, pero él sí es responsable de haberlos agravado.

El gasto en salud es uno de los más importantes en cualquier país en el siglo XXI. La transición demográfica y sanitaria ha implicado un gasto creciente que en cada lugar se reparte de manera diferente entre Gobierno y ciudadanos, pero representa uno de los rubros más importantes en todos los casos. A grandes rasgos, es posible decir que en Estados Unidos el gasto en salud ronda 18% del PIB, cerca de 12% en los países de Europa central y occidental, y al menos 9% en países sudamericanos. En México, destinamos apenas 6% del PIB a este renglón. Peor aún, apenas la mitad de ese gasto lo cubre el Gobierno, mientras que la otra mitad resulta «gasto de bolsillo».

En consecuencia, no puede decirse que México tuviese uno de los mejores sistemas de salud del mundo, pero lo ocurrido con la llegada de la actual Administración ha sido, sin lugar a duda, criminal.

Como lo narra muy bien Xavier Tello en *La tragedia del desabasto*, el sistema de salud en México había ido avanzando de manera paulatina:

> Entre 2013 y 2018 el sistema conocido como «compra consolidada» ya era un mecanismo maduro y estable que logró ahorros significativos al asegurar mejores precios debido a los enormes volúmenes de compra [...] Para inicios de 2018 el sistema funcionaba de manera predecible, planeada y conveniente, tanto para los sistemas gubernamentales como para los proveedores [...] Con el cambio de Administración, la responsabilidad de todas las compras de cualquier cosa en el Gobierno mexicano quedaba a cargo de la Oficialía Mayor de la SHCP [Secretaría de Hacienda y Crédito Público]. Desde que se anunció a finales de ese año, esta decisión parecía no tener sentido, por lo menos no en el sector salud [...] Ya con el control total sobre las compras, la OM [Oficialía Mayor] quiso organizar un par de licitaciones en 2019, las cuales fueron un rotundo fracaso... La llegada del Insabi, que a la postre se adueñó de los recursos y decisiones de abasto en el sector salud, solo lo empeoró todo, y buscar apoyo en un organismo de las Naciones Unidas fue un desastre.[42]

Detrás de la decisión de centralizar las compras estaba, como de costumbre, la acusación de corrupción sin base alguna. Así se canceló la construcción del aeropuerto, así se debilitaron organismos autónomos, y así se destruyó el sistema de salud.[43]

El resultado fue una caída brutal en el abasto de medicamentos. Mientras que en 2013, 13% de las claves no se cubría, para 2018 este indicador había caído a 5%. En 2019 nos fuimos a 62%. Dos terceras partes de las medicinas necesarias en el sector salud no se compraron.[44] Se recurrió entonces a compras desesperadas, fuera del país, sin el registro sanitario ni marbetes en español que la normatividad (y Cofepris) exige.[45]

Se recurrió entonces a algo inusitado: invitar a la Oficina de las Naciones Unidas de Servicios para Proyectos (UNOPS, por sus siglas en inglés) a participar en las licitaciones. Una oficina sin la capacidad técnica, ni vocación para ello. El resultado fue un desastre, al extremo de que, en agosto de 2021, el Comité Técnico del IMSS solicitó que la UNOPS se retirara del proceso, aunque ya antes el IMCO había mostrado que esa oficina operaba al margen de la Ley de Transparencia.[46]

En 2020, sin embargo, el Gobierno tomó la decisión de terminar el Seguro Popular y sustituirlo por el Insabi. Esta decisión también resultó trágica, porque este instituto dejó de cubrir lo que hacía el Seguro Popular (financiar enfermedades catastróficas) y no aportó nada, ni en atención ni en abasto de medicamentos. En febrero de 2021 el coordinador de abasto del Insabi, Adalberto Santaella, envió un memorándum a todas las instituciones para que cada una de ellas buscara la forma de adquirir sus insumos de forma directa.[47]

Como se sabe, 2020 fue el año de la pandemia, frente a la cual la estrategia del Gobierno mexicano fue totalmente equivocada.[48] La falta de liderazgo médico (atribuible por completo a Hugo López-Gatell) y político (responsabilidad única de López Obrador), así como la inexistencia de apoyo económico a hogares y empresas, provocó que México tuviese uno de los más altos índices de muertes en exceso, además de una contracción económica superior a casi cualquier otro país comparable (figura 25).

Pero el daño en cuestión de salud no se limitó a la pandemia, sino que ha resultado en el sufrimiento de miles de personas, cuyas medicinas no llegaron en el momento necesario. Para mediados de 2021 el IMSS se había reunido con los padres de niños enfermos de cáncer que no tenían acceso a sus medicamentos en medio centenar de ocasiones, sin resolver jamás el problema.[49]

En los tres años de gobierno, la actual Administración destruyó el sistema de compra y distribución de medicamentos, canceló el Seguro Popular, experimentó con el Insabi, que ya también ha cancelado, y ahora, a inicios de 2022, busca inventar otro sistema, a través del IMSS-Bienestar, que también será incapaz de atender los cuarenta millones de personas que el Seguro Popular cubría en el caso de enfermedades catastróficas.

Es un caso más de ocurrencias sin sentido, sin planeación, sin idea clara, pero es el caso más doloroso, porque debido a estos experimentos sufrieron, quedaron lastimados o murieron cientos de miles de mexicanos. Ha sido un crimen.

Figura 25. Mortalidad en exceso y crecimiento económico durante la pandemia de covid-19

Etiquetas para países con más de 15 millones de habitantes. Tamaño de las burbujas representa el exceso de mortalidad absoluto. Cifras al cierre de 2021.

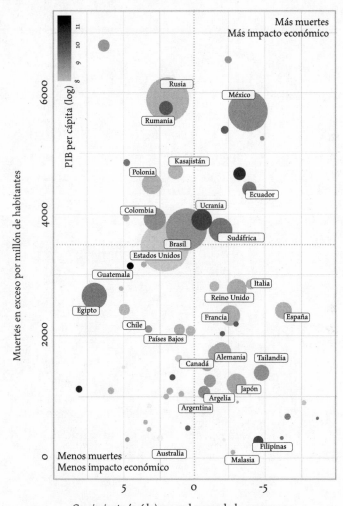

Fuentes: World Mortality Dataset: https://github.com/akarlinsky/world_mortality, FMI, Our World in Data.
Muertes esperadas = promedio muertes totales (2015-2019).
Elaboración de Eugenio Sánchez (@eugenio_sp)

Capítulo 6. La quiebra

Existe la creencia de que el gasto social de la Administración actual estaría poniendo en riesgo las finanzas públicas. Como hemos visto, no es así. Las Becas Benito Juárez se financian con recursos que antaño iban a Prospera, aunque el monto ha crecido continuamente, y ya representa un gasto adicional considerable. Jóvenes Construyendo el Futuro y Sembrando Vida son programas relativamente pequeños en comparación con el tamaño del presupuesto federal. El único programa que de verdad pone en riesgo las finanzas a mediano plazo es la pensión no contributiva, como se explicó en el capítulo anterior.

Esto no significa que el Gobierno de López Obrador sea cuidadoso con las cuentas públicas. Él insiste en afirmar que no se ha contratado deuda, que no se ponen en riesgo las finanzas, y que por eso el tipo de cambio se mantiene estable. Es evidente que estas afirmaciones provienen de su apego a los años setenta, cuando fue eso lo que derrumbó a los Gobiernos. Es por eso por lo que le preocupa tanto el valor del dólar e insiste en que no hay déficit ni endeudamiento.

Desafortunadamente, el presidente se equivoca también en esto. El comportamiento del tipo de cambio, desde 1996, es resultado de un mercado libre, en el que el precio de nuestra moneda se ajusta de forma flexible. Sin duda, el diferencial de tasas de interés contra Estados Unidos ayuda a moderar los ajustes y la tendencia de largo plazo, pero no tiene nada que ver con la forma que se utilizaba en los años setenta. De manera que la famosa frase de López Portillo, «presidente que devalúa, se devalúa», no tiene sentido en estos días.

MALGASTANDO RECURSOS

Por otra parte, endeudamiento sí ha habido, y no poco. En la figura 26 puede verse lo que se ha contratado durante el gobierno de López Obrador. A febrero de 2022 la cifra superaba 2.5 billones de pesos, y la mejor estimación para el cierre del año la lleva a casi cuatro billones.

FIGURA 26. Contratación de deuda bajo el gobierno de AMLO

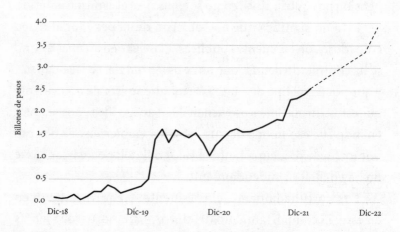

Fuente: SHCP.

Ya que la economía se ha estancado (o incluso contraído, debido a la pandemia y a la falta de programas de apoyo), esa deuda representa una mayor proporción del PIB. Aunque habíamos alcanzado un punto relativamente alto en 2015, el Gobierno de Peña Nieto hizo un esfuerzo por entregar las cuentas en orden a la siguiente Administración, y la deuda, medida en comparación con el PIB, se redujo ligeramente.

FIGURA 27. Deuda neta total, en comparación con el PIB

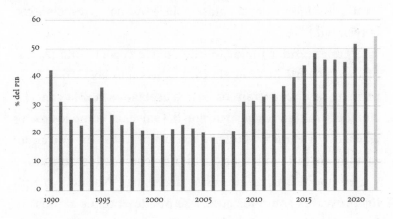

Fuente: SHCP. Estimación propia para 2022.

En la actual administración, la deuda creció en 2020, mientras el PIB se contraía, pero en 2021, a pesar de la recuperación (insuficiente) de la economía, prácticamente nos mantuvimos en 50% del PIB. Para 2022, considerando los primeros meses y las estimaciones de Hacienda, lo más probable es que tengamos un crecimiento como el que aparece en la figura 27. Una deuda de 52 o 53% del PIB puede no ser nada extraordinario a nivel internacional, salvo que la recaudación en México es tan baja que el máximo que nos podemos permitir es de 60% (figura 27).

No obstante, el Gobierno actual no solo ha incrementado la deuda, sino que ha hecho uso de los ahorros acumulados en los 25 años previos. Por un lado, vaciando fondos y fideicomisos, y por otro, la cuenta que tiene el Gobierno federal en el Banco de México. Hablamos de casi 900000 millones de pesos adicionales entre estas dos fuentes, mismas que al incorporarse a las finanzas como «aprovechamientos» dan un barniz de sanidad a las cuentas públicas que no corresponde con la realidad.[50]

Para entender mejor lo que ocurre con las finanzas, le ofrezco a continuación algunas tablas con las cifras. En la primera se encuentran los costos asociados con la cancelación del NAICM y la construcción del AIFA, así como los costos asociados a Pemex y la CFE debido a la forma en que ahora se administran. Todas las cifras provienen de los capítulos 2 y 3, en donde analizamos estas decisiones. No incluyo aquí los proyectos sobre los cuales se puede obtener alguna información, como Dos Bocas o el Tren Maya, que aparecerán más adelante.

Divido los costos en dos columnas. La primera presenta el dinero que tuvo que pagarse (el cual denomino *flujos*), mientras que la segunda consiste en pasivos que se han incrementado, como en el caso de Pemex o la CFE, o que se pagarán, aunque el dinero ya no exista, como es el caso de la cancelación del NAICM. El gasto total asciende a 2.5 billones de pesos.

Tabla i. Costos de políticas públicas

Proyecto / Política pública	Flujos	Pasivos
Cancelación NAICM	165 000	167 000
AIFA	116 000	
Pemex	1 000 000	600 000
CFE	340 000	120 000
Total	1 621 000	887 000

Costos en millones de pesos.

Fuente: Cálculos propios con base en ASF, SHCP, Pemex, CFE.

A continuación aparecen los principales programas sociales y el Tren Maya, tal y como pueden localizarse en los presupuestos públicos. No tenemos información de Dos Bocas, que al parecer tiene ya un costo de 300000 millones de pesos. Incluyo 2018 como referencia, para ver cuánto crecieron los gastos en cada renglón. Para el caso del Seguro Popular, este se modifica en 2020 por el Insabi, que desaparece para 2022 y es reemplazado por un programa denominado Atención a la Salud y Medicamentos Gratuitos para la Población sin Seguridad Social Laboral; este último se conoce públicamente como IMSS-Bienestar, o al menos se confunde con él.

En desarrollo social se incluyen las pensiones para adultos mayores, personas con discapacidad permanente y Sembrando Vida. Como puede verse, estos cinco renglones se llevaban poco más de 150000 millones de pesos en 2018, y casi alcanzaron 500000 millones en 2021. La columna de 2022 corresponde al presupuesto, que no es algo muy confiable. Como ejemplo, la Subsecretaría de Hidrocarburos tenía en 2021 un presupuesto similar a 2022, y recibió una ampliación por 271000 millones de pesos, un absurdo de finanzas públicas. Estos recursos son los que transfieren a Pemex como si fuesen ingresos, que aparecen en la tabla I.

TABLA II. Costos de programas y proyectos

Programa	2018	2019	2020	2021	2022P
Becas Benito Juárez	7 711	53 200	71 298	76 974	86 628
Seguro Popular / Insabi / Gratuitos	68 225	78 834	109 833	122 821	77 573
Pensiones + Sembrando Vida	76 074	138 907	168 698	194 558	287 956
Jóvenes Construyendo el Futuro		23 915	23 751	20 543	21 697
Tren Maya		2 781	13 220	39 540	63 737
Total proyectos y programas	152 010	297 637	386 800	454 436	480 591

Millones de pesos.
Fuente: SHCP, «Calendario de presupuesto autorizado», varias fechas.

Algo que creo que vale la pena comentar aquí es que las Becas Benito Juárez para 2022 representan un gasto casi del doble del asignado a la UNAM (44 600 millones de pesos). No estoy seguro de que sea una buena idea repartir millones de pequeñas becas, que no están asociadas ni al desempeño ni a ninguna otra cosa, mientras la llamada «máxima casa de estudios» recibe una cantidad equivalente a la mitad.

Con base en la tabla II, estimo el exceso de gasto en esos programas y proyectos, comparado con lo gastado en 2018:

Tabla III. Exceso de gasto en programas y proyectos

Programa	2019-2021	2019-2022
Becas Benito Juárez	178 338	257 254
Seguro Popular / Insabi / Gratuitos	106 813	116 162
Pensiones + Sembrando Vida	273 942	485 824
Jóvenes Construyendo el Futuro	68 209	89 906
Tren Maya	55 541	119 278
Dos Bocas	300 000	
Total proyectos y programas	982 843	1 068 424

Millones de pesos.
Fuente: elaboración propia con información de la tabla II.

Con toda esta información construí la tabla IV, que nos indica cuánto se ha gastado, en qué y de dónde provinieron los recursos.

Tabla IV. Origen y destino de recursos en la actual administración (a 2021)

	Ingresos	Egresos	Pasivos
Endeudamiento	2 328 371		
De fondos y fideicomisos	370 298		
De depósitos en Banxico	527 343		
De coberturas petroleras	47 400		
Financiamiento y extraordinarios	3 273 412		
Costos de políticas públicas (tabla I)		1 621 000	887 000
Proyectos y Programas (tabla III)		982 843	
Totales	3 273 412	2 603 843	887 000
Neto	-217 431		

Millones de pesos.
Fuente: elaboración propia con información de las tablas anteriores.

Puesto más claro: todos los ahorros que tenía el Gobierno, más un endeudamiento importante, han servido para financiar los caprichos presidenciales, esto es, «rescatar» Pemex y la CFE, cancelar el aeropuerto y reemplazarlo por una central avionera, construir Dos Bocas y el Tren Maya, destruir el sistema de salud, e implementar programas sociales asistenciales, que más bien son compra de votos.

Ni siquiera alcanzó con todo ese dinero, y en promedio se han requerido más de 70 000 millones de pesos adicionales cada año, que han salido de la desaparición de programas como las estancias infantiles, las escuelas de tiempo completo, y muchos otros que son absorbidos por secretarías que ya ni siquiera pueden hacer lo que antes les correspondía, mucho menos atender nuevas obligaciones.

El límite

Puesto que no hay mucho dinero disponible, cumplir los caprichos tiene un costo, y eso no deja espacio para el resto de la administración pública. Para poder mover algunos recursos, se desaparecieron o redujeron notoriamente organismos autónomos, los presupuestos de Comunicaciones y Transportes o la Secretaría de Agricultura, y se ha fortalecido, además de las secretarías mencionadas en el segmento anterior, a Defensa Nacional y Marina. El resto de la administración pública a duras penas mantiene el presupuesto que tenía en 2018, que debe asignar como pueda para seguir funcionando. Y varias secretarías prácticamente no pueden.

Esta destrucción de la capacidad de gestión no es una cosa menor, y se agravó con la idea de impedir que una persona pudiese trabajar en el sector privado hasta por diez años en caso de retirarse del sector público. Esta medida ya fue anulada por la Corte, pero es una muestra más de la incapacidad de este Gobierno para entender temas elementales de gestión.

Sin embargo, el problema que ahora se enfrenta es cómo financiar esta locura. Si el objetivo es regresar a México a los años setenta, eso también incluye tener crisis fiscal al término del sexenio, como ocurrió en 1976, 1982 y 1987. En los tres casos, la crisis tuvo su origen en excesos de gasto público que no pudieron cubrirse con incrementos en ingresos. En algún momento se llega al límite y, cuando este se traspasa, es nada más cuestión de tiempo para que deba aplicarse un ajuste, el cual siempre implica reducir gastos, incrementar impuestos y elevar las tasas de interés.

Mi impresión es que ese límite ya se rebasó y no hay forma de impedir dicho ajuste. Por un lado, eso parece indicar el balance público, que en el acumulado anual se encuentra en el peor momento del sexenio y de varios otros previos. En febrero de 2022 el déficit público acumulado en un año alcanzó 830000 millones de pesos, y la tendencia apunta a que llegaremos a 1.2 billones para el cierre del año. Así se observa en la figura 28.

FIGURA 28. Balance público (acumulado al mes indicado)

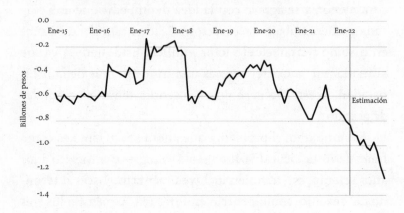

Fuente: SHCP. Estimación propia para 2022.

Esto no es lo que cree Hacienda, que todavía a inicios de 2022, en los precriterios, reiteró que espera que estemos en 880000 millones para diciembre, lo cual implica suponer que en el resto de este año no haya mayor requerimiento, una conjetura que no tiene mucho soporte. En los primeros dos meses de 2022, mientras los ingresos crecían 6% (con una inflación superior a 7%), los gastos lo hacían al doble. Aunque estimé el déficit para 2022 con base en el comportamiento de los diferentes ingresos y gastos, solo extendiendo lo ocurrido en los primeros dos meses al resto del año, la predicción lleva al mismo lugar: un déficit superior a 1.2 billones de pesos durante 2022.

Puesto que las estimaciones de los expertos apuntan a un crecimiento económico inferior a 2% en el año, y una inflación superior a 6%, ese déficit rompe francamente con la regla de oro de lo que puede financiarse sin problema. Se tiene la convención de que un déficit público menor a 3% del PIB no implica riesgo, pero para 2022 la cifra nos llevaría a 4.5% del PIB. Esto sí enciende alarmas, sobre todo en las empresas calificadoras de riesgo.

Imagino que para los lectores habituados a las finanzas públicas pasar de 3 a 4.5% del PIB de déficit en un solo año puede parecer algo increíble, pero es que en realidad no es así. En la figura 29 le muestro lo que en realidad ha ocurrido. Ya habíamos comentado que en los primeros tres años de gobierno hubo ahorros, acumulados durante 25 años, que esta Administración utilizó para financiarse. Esos ahorros se incorporan al presupuesto a través de una cuenta muy flexible, llamada «aprovechamientos», en donde se anota de todo. Al contabilizarse de esa manera, los ingresos del Gobierno lucen más altos de lo que en realidad son, y esto conduce a que el déficit parezca inferior a lo que en realidad es. La figura 29 resuelve el problema.

FIGURA 29. Balance público anual como proporción del PIB

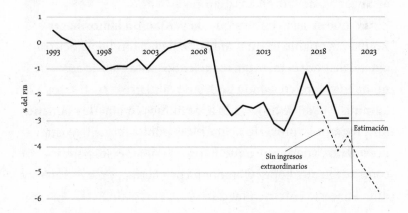

Fuente: SHCP. Estimación propia para 2022.

En ella aparece el balance público anual, desde 1993, medido como porcentaje del PIB. Observe que, en los sexenios de Zedillo, Fox y la primera mitad de Calderón, las finanzas realmente se cuidaron. Frente a la Gran Recesión (2009), el gobierno de este último incrementó los gastos para impulsar programas de apoyo a hogares y empresas, en la idea de que ese déficit desaparecería poco a poco.

Por desgracia, al iniciar la administración de Peña Nieto eso no ocurrió; se mantuvo un exceso de gastos hasta que en 2016 fue imposible continuarlo, so pena de caer en una crisis fiscal. El Gobierno de Peña Nieto actuó con responsabilidad y redujo el déficit para en 2018 entregar cuentas razonables al sucesor. Este, en cambio, comenzó a gastar en exceso con extrema rapidez y cubrió los gastos con los ahorros mencionados. Si se eliminan esos «ingresos extraordinarios», 2020 presentaría un déficit de 4.1% del PIB, que apenas se redujo en 2021.

Con esa referencia, llegar a un déficit de 4.5% del PIB para 2022 ya no es tan extraño, y continuar la tendencia para casi alcanzar 6% del PIB en 2024 tampoco lo es.

Lo que sí sería raro es que de verdad podamos hacer eso. Lo más probable es que, antes de llegar tan lejos, ocurra el ajuste. Se podría intentar reduciendo gastos desde 2022, pero no queda claro en dónde podrían realizarse recortes: toda la administración se ha llevado a los huesos con tal de mantener los programas, proyectos y políticas públicas que le gustan al presidente. Claro que aquello podría detenerse, pero iría en contra de lo que López Obrador ha prometido, y parecería muy difícil hacerlo entrar en razón.

La señal tendrá que venir de fuera, y creo que será la pérdida del grado de inversión. Aunque México no tiene una deuda como la que tienen países europeos o Estados Unidos (por no hablar de los asiáticos), también es cierto que nuestra recaudación es notoriamente inferior a la de esos países. Así, aunque ellos puedan mantener su calificación con deudas superiores al 100% del PIB, resulta demasiado complicado que podamos actuar de manera similar con 60% del PIB. Como lo demostraron las gráficas previas, ya estamos cerca de ese nivel y seguramente lo alcanzaremos para finales de 2023. Antes de eso, me parece, vendrá la pérdida del grado de inversión.

Eso no significa una catástrofe, porque hay muchos países sin grado de inversión que funcionan bastante bien (Brasil, por ejemplo). Pero la deuda se hace más cara, y con ello crece el déficit público. Será necesario un ajuste fiscal importante para que México pueda seguir atrayendo recursos sin el grado de inversión.

De hecho, para muchos fondos de inversión, no es posible permanecer en un país sin grado de inversión. Se trata de un tema legal. El retiro de esos fondos provocará un ajuste cambiario y el alza de tasas de interés internas, con lo que el costo financiero crecerá aún más rápido.

A diferencia de lo ocurrido en 1976, 1982 y 1987, ahora México tiene un tipo de cambio flexible que impide un ajuste cambiario muy brusco. No vamos a tener una devaluación de 50 u 87%, como ocurrió en esos años; de hecho, ese término no se usa bajo un régimen cambiario flexible. La palabra indicada es *depreciación* y creo que será inferior a 20%, es decir, cuando mucho nos acercaremos a los 25 pesos por dólar. Como quiera, ese ajuste implicará inflación, contracción económica y enojo de la población.

Capítulo 7. Destruyendo el futuro

Hasta ahora nos hemos concentrado en temas económicos, política social e infraestructura. No hemos hablado acerca de lo que probablemente sea el tema de mayor impacto para el país: la destrucción institucional.

El término *populista*, con el que se describe a muchos Gobiernos hoy en día, no tiene una definición única aceptada. Hay al menos tres diferentes formas de concebir a un político populista, las cuales tienen que ver con el momento y la dimensión a la que se haga referencia. Electoralmente, el populismo en tiempos recientes se ha significado por ofrecer a los votantes el regreso a un pasado dorado que se perdió debido a las acciones de una élite malvada. Así fue como Donald Trump ofrecía hacer Estados Unidos grande otra vez, terminando con el «Estado profundo», que era el culpable de haber perdido ese paraíso. Algo similar prometía López Obrador: regresar a una época en la que México había sido exitoso y que se había perdido por culpa de los conservadores neoliberales.

En términos económicos, se llama populista a una política orientada a gastar más en el presente, a costa de sufrir estrecheces en el futuro. Eso sufrimos en México durante los gobiernos de Echeverría y López Portillo, y es lo mismo que hoy está ocurriendo, según hemos descrito en las páginas anteriores.

En fechas recientes, un caso extremo de populismo económico fue el de Nayib Bukele, presidente de El Salvador, quien decidió hacer moneda de curso legal al bitcoin, una criptomoneda sin respaldo alguno y sobre la cual El Salvador no tiene control. En muy poco tiempo, Bukele puso a su país al borde del *default*, conforme el bitcoin perdió valor en los difíciles meses iniciales de 2022.

Finalmente, podemos hablar de populismo político cuando el líder decide desmantelar los mecanismos de intermediación para comunicarse directamente con la población. Es el proceso de desinstitucionalización que permite concentrar el poder en una persona. No solo se eliminan los contrapesos, sino también la capacidad de gestión del Gobierno. Todos los líderes populistas autoritarios de los últimos años han intentado avanzar en este proceso, y su éxito ha dependido de la capacidad de resistencia de las instituciones. Donald Trump o Xi Jinping, por ejemplo, no lograron mucho frente a estructuras institucionales muy sólidas. Vladimir Putin prácticamente desapareció todas las instituciones para convertirse en un dictador franco. Narendra Modi o Recep Tayyip Erdogan pueden ubicarse en un término medio, y la India se sigue considerando una democracia fallida y Turquía un régimen híbrido.

México se encuentra ya en ese punto, transitando de democracia fallida a régimen híbrido. Las instituciones democráticas de nuestro país, que empezaron a construirse en 1996, no lograron consolidarse lo suficiente para detener las acciones de un político arbitrario y agresivo como López Obrador.[51]

El ataque político-electoral

Puesto que en 2018 la coalición presidencial obtuvo 62% de las curules (aunque su votación fuese de 44% del total), la oposición quedó prácticamente anulada en el Poder Legislativo. Podían detener cambios constitucionales, pero no legales. Adicionalmente, Morena obtuvo el control de veinte congresos locales, lo que puso a los gobernadores de esas entidades en situación de franca debilidad. De esta manera, ni el Congreso Federal ni los gobernadores podían actuar como contrapeso del presidente.

La Suprema Corte de Justicia se debilitó al forzar la renuncia del ministro Eduardo Medina Mora en octubre de 2019, mediante investigaciones de la Unidad de Inteligencia Financiera que no se hicieron públicas. Esto le permitió a López Obrador nombrar tres ministros: dos que correspondían por término de nombramiento y el reemplazo de Medina Mora. Sin embargo, hay que agregar a esto que Arturo Zaldívar se convirtió en presidente de la SCJN en enero de 2019 y su cercanía con López Obrador (por llamarla de alguna manera) ha marcado el comportamiento de la institución.

Me parece importante resaltar que tanto el Poder Legislativo como el Judicial prácticamente no pudieron actuar como contrapesos durante los primeros tres años de gobierno, pero eso cambió inmediatamente después de la elección intermedia. En el caso del Legislativo, la alianza Morena-PT, en la actual Legislatura, no tiene siquiera mayoría simple, y necesita del PVEM para alcanzarla. Eso le impidió al presidente sacar adelante la reforma constitucional en materia eléctrica, y es muy probable que le impida cualquier modificación a la Constitución.

En el Poder Judicial, el impacto de la elección intermedia ha sido mucho más contundente. Primero, la intención de extender el mandato de Zaldívar por dos años, que él había dejado correr, se detuvo de inmediato: el lunes 7 de junio de 2021, a primera hora, el ministro anunció que «renunciaba» a esa intención. Apenas unos días después, a principios de agosto, ocurrió una rebelión al interior del Tribunal Electoral del Poder Judicial de la Federación (TEPJF) que culminó con la renuncia de su presidente, José Luis Vargas, también de gran «cercanía» con el presidente.[52]

En otros estados, Morena ha ampliado su presencia en los ejecutivos, pero no en los congresos locales. Aunque para muchos observadores hay un crecimiento importante de la coalición presidencial, todo indica que se trata solo de la reiteración de los triunfos de 2018, aunque sin la claridad de entonces. En cualquier caso, no se ha visto de parte de los gobernadores un cambio tan evidente como el que ocurrió en el Congreso y la SCJN.

López Obrador se ha opuesto al IFE/INE desde su fundación, aunque participó en ella como presidente del PRD. Cosechó de inmediato al obtener una gran victoria en la elección de 1997 para su partido, que logró ubicarse en segundo lugar nacional, y al ganar la jefatura de Gobierno del Distrito Federal. Él mismo participó como candidato a ese puesto en el año 2000 a pesar de no cumplir con el requisito de residencia en la ciudad, y aunque su triunfo fue muy cerrado, no reclamó nada al organismo electoral.

Para 2006, sin embargo, el enfrentamiento se hizo evidente. No aceptó su derrota entonces, ni en la elección de 2012. Durante la campaña de 2018 insistió en que requería un margen amplio en su victoria para no sufrir un nuevo «fraude». Lo más cercano a eso fue el uso que Morena le dio a los huecos legales para multiplicar su votación, de 44 a 62% de las curules, pero de eso no se quejó López Obrador.[53] Durante todo su gobierno, AMLO ha atacado al INE, y especialmente a su consejero presidente Lorenzo Córdova. Ha amenazado con desaparecer la institución y le ha recortado presupuesto a través de su bancada en la Cámara de Diputados, aunque eso haya significado que el INE tuviera dificultades para cumplir obligaciones que este mismo Gobierno inventó: la consulta para el juicio a expresidentes y, especialmente, la consulta para la revocación de mandato.

AMLO había propuesto estas dos consultas para que fuesen concurrentes con la elección intermedia (6 de junio de 2021) y lograr con ello la posibilidad de intervenir de manera directa y personal en la campaña. Esperaba que eso le permitiera ampliar su mayoría al nivel necesario para extender su mandato (como lo intentó él mismo con la presidencia de Zaldívar en la Corte, y su aliado Jaime Bonilla en la gubernatura de Baja California), y eventualmente reelegirse. Pero las consultas requerían cambios constitucionales y le faltaban votos en el Senado. Lo que logró negociar fue que las consultas ocurriesen, pero en un momento diferente. La referente al juicio a expresidentes, en agosto de 2021, y la de revocación de mandato hacia marzo de 2022 (aunque al final ocurrió el 10 de abril de 2022).

Aun así, López Obrador mantuvo sus conferencias matutinas durante el proceso electoral y en repetidas ocasiones expresó su apoyo a Morena y su rechazo a la coalición de oposición, como lo había hecho antes, y como lo ha seguido haciendo desde entonces. Resulta al menos curioso que un elemento central de su argumento referente al fraude de 2006 ha sido que Vicente Fox había intervenido ilegalmente en el proceso electoral por haber dicho que «no se cambia de caballo a la mitad del río». Nada, comparado con lo que ha hecho ahora él mismo.

Después del fracaso de la consulta para la revocación de mandato, misma que solo pudo atraer a 17% del padrón electoral a las urnas, López Obrador intentó hacer una reforma constitucional en materia energética que, como hemos dicho, fue rechazada. Es la primera vez que un presidente no logra sacar una reforma constitucional, por cierto, pero en reacción a ello lanza otra en materia electoral. También es necesario modificar la Constitución, por lo que suena imposible que lo logre, pero en ella deja claro que parte de su visión es la eliminación del INE en su estructura actual, así como el reemplazo de los consejeros por personas elegidas mediante votación popular.

Me parece muy claro que el intento hegemónico de López Obrador en el Legislativo, Judicial y en el órgano electoral muestran el autoritarismo que lo ha acompañado siempre. Es una característica personal que pude constatar hace más de 25 años y que ahora es evidente para quien quiera verlo.

EL ATAQUE AL ESTADO

De acuerdo con muchos analistas, los dos temas de la campaña de 2018 fueron la inseguridad y la corrupción. Se cree que fue por eso que ganó López Obrador. Algunos le agregan el tema de la pobreza y desigualdad porque, por un lado, compraron el discurso obradorista de «Primero los pobres» que, como hemos visto, es falso; por otro, asociar a López Obrador con el tema de justicia social le permitió a muchos racionalizar su voto por un personaje que, bien visto, era indudablemente un peligro para el país. Esa querencia izquierdista que nos dejó el Cardenismo podía hacerse compatible con un tirano tropical, pues.

A mí me parece que lo que explica su triunfo es la reacción de los «damnificados de las reformas estructurales», como creo haberlo mostrado aquí y en otras partes.[54] Pero ignoremos tanto el tema de la justicia social como el de la reacción a las reformas y supongamos que, en efecto, inseguridad y corrupción fueron los temas que llevaron a López Obrador a la presidencia. ¿Qué ha pasado con ellos?

La corrupción ha sido un tema recurrente en las conferencias matutinas. Se usa de dos formas: para descalificar cualquier cosa del pasado y para afirmar, agitando un pañuelo blanco, que ya se ha terminado. Con la excusa de la corrupción (no probada) se canceló la construcción del aeropuerto, se ha bloqueado la inversión en energía y la entrada en operación de las plantas que ya estaban en construcción, y se ha atacado a las instituciones: así se expulsó a un ministro de la Corte y se obligó a renunciar a consejeros de la CNH, CRE, Cofece y el IFT.

Sin embargo, no hay una sola persona procesada por corrupción, con la salvedad de Emilio Lozoya Austin, con quien habían negociado un trato preferencial a cambio de que «entregara» a políticos de primer nivel que, según su testimonio, habían recibido sobornos de parte de Odebrecht, la empresa brasileña que ha sido investigada en toda América Latina y encontrada culpable de sobornar presidentes, ministros y directores en todos los países... excepto en México. Lozoya aceptó haber recibido dinero de Odebrecht, para repartirlo entre diversos políticos, pero no pudo probar sus dichos. De manera circunstancial, entonces, hay un corrupto en la cárcel, pero no porque lo hubiesen perseguido, sino porque lo invitaron.

Fuera de eso, no hay indicio alguno de que se haya reducido la corrupción. Lo que sí ha ocurrido es que, usándola como excusa, se ha reducido de manera significativa el presupuesto de operación de organismos autónomos y secretarías, ocasionando dificultades para la gestión pública. Parte de esa «austeridad» que se anuncia como lucha contra la corrupción ha sido la reducción de sueldos y prestaciones de los altos funcionarios, lo que ha provocado la salida de muchas personas con calificación y amplia experiencia. Se llegó incluso al grado de establecer que los funcionarios que dejaran el Gobierno deberían esperar diez años para poder trabajar en el sector privado en temas similares a los que llevaban en el Gobierno. Esta medida era tan absurda que fue rechazada por la Suprema Corte por unanimidad.[55] Al respecto, publiqué el 10 de octubre de 2019 la columna «Destrucción legal», que me parece pertinente reproducir aquí:

> Hace más de setenta años, Henry Hazlitt, periodista especializado en economía, publicó un libro titulado *La economía en una lección*. Es un libro interesante, construido alrededor de la idea de que las decisiones y acciones no ocurren en el vacío, y tienen repercusiones de distinto orden, que trascienden lo inmediato. En palabras de Hazlitt, «el arte de la economía consiste no solo en ver lo inmediato, sino los efectos de largo plazo de cualquier acción o política. Consiste en trazar las consecuencias de dicha política no solo para un grupo sino para todos».[56]

Más allá de que Hazlitt no tenía buena opinión de las políticas keynesianas, y por eso su insistencia en las repercusiones de largo plazo, el argumento es correcto. Decisiones que se toman pensando en resultados inmediatos pueden provocar problemas muy serios en periodos un poco más largos. Por ejemplo, a ojos de ese autor, el déficit fiscal, que busca impulsar la economía, podría convertirse en un problema de deuda difícil de manejar.

Esto no significa que haya que cancelar acciones inmediatas, sino que es necesario considerar los efectos a diferentes plazos, para diferentes grupos, de forma que la decisión pueda tener impacto ahora, y los costos posteriores puedan administrarse o reducirse.

Bueno, todo esto es para comentar con usted la aprobación, el martes 8, de la Ley Federal de Austeridad Republicana, que en su artículo 24 quedó de la siguiente manera: «Los servidores públicos comprendidos en los grupos jerárquicos de mando superior a que se refiere el manual de percepciones previsto en la Ley Federal de Presupuesto y Responsabilidad Hacendaria del Gobierno Federal, que por cualquier motivo se separen de su cargo, no podrán ocupar puestos en empresas que hayan supervisado, regulado o respecto de las cuales hayan tenido información privilegiada en el ejercicio de su cargo público, salvo que hubiesen transcurrido al menos diez años».

El manual a que se refiere el artículo se publica en el *Diario Oficial*. Me parece que el más reciente fue el del 31 de diciembre pasado, que establece que los mandos superiores son quienes están en niveles de la G a la K. Esto significa de director general para arriba. En Hacienda, por ejemplo, hay 74 personas en estos niveles, nada más en el sector central, a lo que hay que sumar

57 en la CNBV, 17 en CNSF, 18 en Consar, 172 en el SAT, y algunas decenas más en otras dependencias sectorizadas ahí. Ninguno de ellos podrá trabajar durante diez años en el sector financiero, y tal vez los del SAT en ninguna empresa, si se lee estrictamente el artículo.

En la Secretaría de Economía hay cerca de cien personas en esos niveles, ¿en qué empresa podrían trabajar, si la secretaría afecta a todas las empresas? En Educación, hay 42 en el sector central, pero los rectores o directores de universidades también caen en ese nivel, ¿tendrán que pasar diez años fuera de la academia?

Pero, decíamos, es necesario considerar los efectos de segundo orden. Si una persona sabe que llegando a un puesto de mando superior en la administración pública federal implica diez años fuera de su línea de conocimiento, ¿por qué querría ocuparlo? Lo lógico es que lleguen a esos puestos solo aquellos que no tienen futuro alguno, sea por la edad o la capacidad. O, si quiere pensar mal, también quienes buscan enriquecerse ilegalmente en el puesto, con lo que podrían pasar los diez años de veda en calma y seguridad.

Ya habíamos comentado la grave destrucción de capital humano que este Gobierno había causado a su llegada. Ahora lo han institucionalizado. Los puestos de mando solo serán para corruptos, ancianos o incapaces. Está en la ley.

Digo que me pareció importante reproducir la columna porque en verdad era tan absurda la medida que todos los ministros decidieron eliminarla, y porque las frases finales en ella han sido confirmadas: el Gobierno actual está conformado por corruptos, ancianos e incapaces.

El otro tema de campaña fue la inseguridad, pero frente a ella, López Obrador no tenía alguna solución en mente. Según enterados, le comisionó a quien sería su secretario de Seguridad Pública, Alfonso Durazo, la confección de un plan, pero no había avances en los días previos a la toma de posesión, y el presidente electo le pidió al secretario de la Defensa que le diera alguna solución.

Desde que el ejército empezó a utilizarse para enfrentar al crimen organizado, en tiempos de Ernesto Zedillo, las fuerzas armadas no han estado totalmente a gusto. Les preocupa que no exista un marco legal que respalde su actuación. Cuando, a inicios del gobierno de Calderón, esta intervención se hizo más franca, la presión de los militares por una ley especial fue creciendo. No obstante, el Gobierno de Calderón pensaba que la intervención militar sería temporal, porque se crearía una fuerza para garantizar la seguridad pública y poder retirar a los militares de esa actividad. Esa fuerza era la Policía Federal, que se instauró con base en diversos grupos y pasó de tres mil a cuarenta mil efectivos durante dicho sexenio.

Desafortunadamente, este proceso se interrumpió en el gobierno de Peña Nieto. De hecho, desapareció la Secretaría de Seguridad Pública y sus funciones se incorporaron a la Secretaría de Gobernación. Miguel Ángel Osorio Chong, quien se consideraba potencial sucesor de Peña Nieto, se ocupó y concentró en la dimensión política de esta dependencia durante casi todo el sexenio, razón por la cual descuidó el desarrollo de la Policía Federal.

Para los militares, la existencia de un grupo policial de alto nivel, con presencia federal y con un número considerable de efectivos, no era nada atractiva. La oferta del secretario Sandoval al presidente electo fue desaparecer a la Policía Federal y sustituirla por una Guardia Nacional, misma que eventualmente estaría adscrita a la Secretaría de la Defensa. En los hechos, consistía en destruir un cuerpo que tenía ya una década de funcionamiento, que se había diseñado y construido con la seguridad pública como objetivo, y reemplazarlo por militares, preparados para algo totalmente diferente; ello causaría dificultades al interior de las fuerzas armadas, pues quienes fueron asignados a la Guardia lo han sentido como una degradación.

Sin embargo, al presidente electo le pareció una idea genial, porque le permitía descalificar una institución creada por Felipe Calderón sin perder el control del territorio, o al menos así lo imaginó. Es muy posible que de ahí haya iniciado la cercanísima relación del presidente con el general secretario, que se vio fortalecida cuando el Ejército ofreció construir el nuevo aeropuerto en Santa Lucía en breve tiempo y costos bajos. Frente a una administración de corruptos, ancianos e incapaces, como hemos dicho, el Ejército (y en menor medida la Marina) aparece como la salvación para López Obrador, que empieza a asignarles todo tipo de actividades: la construcción de las sucursales del Banco del Bienestar, del Tren Maya y la operación de las aduanas, y a la Marina, el corredor Transístmico y los puertos.

La creciente presencia de los militares en actividades que no les corresponden (y que incluso pueden considerarse inconstitucionales) ha preocupado a muchas personas, que se imaginan que esto puede ser el preludio de un Gobierno militar, algo desconocido en México desde el fin de la Segunda Guerra

Mundial, pero muy presente en el resto de América Latina. No comparto esa preocupación, pero es un hecho que será difícil que los militares suelten muchas de las áreas que hoy ocupan. El absurdo ofrecimiento del presidente de que el AIFA, el Tren Maya o el Transístmico servirán para pagar pensiones de los militares retirados no merece muchas palabras. Son proyectos que siempre serán deficitarios, y no es eso lo que puede interesar a las fuerzas armadas. Pero las aduanas y los puertos son otro tema, y no será fácil que los devuelvan.

Ahora bien, mientras las fuerzas armadas se dedican a todo tipo de actividades, la seguridad pública no parece mejorar. No me detengo en cifras y análisis detallados porque no es mi área ni se trata de eso este libro. Lo que me parece relevante para la comprensión del actual Gobierno es la combinación de ese incremento de actividades de los militares con la política que el presidente ha definido como «abrazos, no balazos». Aparentemente, también para diferenciarse de Felipe Calderón, el presidente López Obrador considera que es preferible buscar un equilibrio pacífico con los grupos criminales que enfrentarlos abiertamente. Otra vez, parece un regreso a los años setenta, cuando el Estado tenía una presencia abrumadora y los grupos criminales apenas podían aspirar a ubicarse regionalmente. En esas condiciones, es posible encontrar ese equilibrio, no ahora. De hecho, como lo ha mostrado Alejandro Hope, el dicho «abrazos, no balazos» parece ser una más de las afirmaciones inexactas del presidente. En los números, esta Administración «encarcela más, usa a más soldados que nunca como policías, decomisa más droga, sigue deteniendo a capos y tiene un índice de letalidad superior al Gobierno anterior».[57]

El fin del régimen de la Revolución en 1997 coincidió con la muerte de Amado Carrillo, quien había dado inicio a la dispersión de los cárteles; estos ya eran notoriamente más poderosos que antes, desde que el tránsito de cocaína colombiana se movió del Caribe a México (precisamente el origen del gran poder del Señor de los Cielos). La liberación de la venta de armas de asalto en Estados Unidos a inicios del siglo XXI multiplicó el poder de esos grupos criminales en México y fue lo que llevó a Felipe Calderón a buscar una alternativa militar. Muchas personas creen que Calderón se equivocó, pero no está claro que tuviese demasiadas opciones. En cualquier caso, en este momento no parece que pueda buscarse un equilibrio pacífico entre un Estado que ya no tiene presencia abrumadora, que no cuenta con fuerza pública, en el que sus fuerzas armadas se dedican ahora a la construcción o al comercio internacional, con grupos fuertemente armados, con control territorial regional, y con una presencia electoral ya muy evidente.

Hay una cantidad considerable de evidencia de que tenemos un problema serio en este ámbito. Elijo dos momentos que me parecen determinantes. El primero es la detención de Ovidio Guzmán en Culiacán el 17 de octubre de 2019, hecho que dio lugar a una respuesta brutal por parte del Cártel de Sinaloa y que incluso ya se registra en Wikipedia como «la batalla de Culiacán». El presidente tomó la decisión de que Ovidio fuese liberado por la patrulla que lo había detenido. El segundo momento ocurrió el 10 de mayo de 2022, cuando un grupo de militares fue perseguido por varios vehículos de criminales en Nueva Italia, Michoacán, quienes los amenazaron y se burlaron de ellos. El 12 de mayo el presidente aseguró que el ejército estaba cumpliendo con sus órdenes, y el 13 de mayo el general secretario respaldó a su comandante supremo, afirmando que esa era la política de seguridad del Gobierno.

Entre estos dos eventos ocurrieron las elecciones intermedias, en las que Morena obtuvo el triunfo en todas las elecciones estatales ocurridas en el Pacífico: las Californias, Sonora, Sinaloa, Nayarit, Michoacán, Colima y Guerrero. En todas ellas hubo intervención directa del crimen organizado. Algunas de esas intervenciones fueron denunciadas ante las autoridades; la mayoría no llegó tan lejos. El control territorial del crimen organizado, me parece, es muy evidente.

Al final

En este breve texto hemos revisado los grandes proyectos del Gobierno, su política social, y en las últimas páginas, la destrucción institucional que ha ocurrido de forma simultánea. Las conclusiones no son difíciles de elaborar, pero sí de aceptar.

En primer lugar, es evidente que los proyectos no aportarán mucho al desarrollo nacional. El mejor de todos ellos, el Aeropuerto «Internacional» Felipe Ángeles, solo puede operar gracias a la violencia que el presidente ejerce sobre las líneas aéreas. Todavía ni siquiera es claro que, en caso de tener más operaciones, pueda funcionar simultáneamente con el AICM. Los otros proyectos no tienen futuro alguno. La refinería de Dos Bocas gastará mucho dinero para producir combustible que pudo haberse obtenido con una inversión mucho menor comprando o rentando instalaciones ociosas en Estados Unidos, las cuales abundan. Es posible que el Tren Maya nunca se termine, porque se está construyendo sin tener ni proyecto ejecutivo ni permisos. Al corredor Transístmico ni siquiera le prestan atención desde el Gobierno.

En segundo lugar, la política social no reduce la pobreza ni la desigualdad, sino crea la dependencia de diversos grupos de personas de las dádivas gubernamentales. Exactamente lo mismo que tuvimos como política social durante el siglo xx, cuyos resultados son evidentes.

Por último, la destrucción institucional está impidiendo que el Gobierno cumpla con sus funciones en prácticamente todas las áreas, pero en lo que respecta al tema de seguridad estamos en una situación que no dudo en calificar de extrema. Desaparecimos una fuerza pública preparada para la actuación policial, la reemplazamos con militares que no saben operar en esas circunstancias, y tenemos ocupada a la mayoría de los efectivos en acciones que no les corresponden: desde construcción hasta aduanas y puertos.

La ausencia de resultados, el clientelismo y la incapacidad de gestión pueden convertirse en una catástrofe en caso de que el entorno internacional se complique. Y esto es justo lo que ocurre en la primera mitad de 2022. Los desajustes productivos originados en la pandemia, sumados a los amplísimos programas de apoyo en los países desarrollados, han provocado presiones inflacionarias que se desataron con la invasión rusa a Ucrania. La debilidad del Estado mexicano se está encontrando con la amenaza global.

Eso es lo que me preocupa. Millones de mexicanos creyeron en López Obrador, al extremo de que su popularidad superaba el 80% en los primeros meses de su gobierno. Su fracaso será desastroso para esos mexicanos. La desilusión, en un contexto de polarización como el que ha alimentado López Obrador, y con un entorno internacional de populismo autoritario, puede resultar trágica.

La necesidad de una coalición opositora, capaz de conducir esa desilusión por la vía democrática y en condiciones de proponer una reconstrucción, me parece evidente. Como he intentado describir en este libro, los proyectos impulsados por López Obrador no dejarán mucho. Ni el Tren Maya ni el Aeropuerto Felipe Ángeles tendrán uso relevante, y no queda claro que Dos Bocas pueda llegar a producir el volumen anunciado. Las políticas sociales, más costosas que útiles, tendrán que replantearse, pero eso derivará en costos políticos.

De principio, será necesario reconstruir la capacidad de gestión de la administración pública y la confianza del resto del mundo en México. Si esto se logra, lo demás tendrá buenos cimientos. Pero todo ello deberá hacerse a la sombra de una crisis fiscal y con presiones de gasto muy considerables. Los próximos años, como ocurrió después de la debacle de 1982, serán complicados.

Ojalá la experiencia de este Gobierno sea interpretada por los mexicanos como una demostración de que las ideas del siglo XX y el populismo autoritario, hoy en boga en todo el mundo, es la causa final de todas estas dificultades. Ojalá que, ahora sí, podamos deshacernos de los mitos revolucionarios que en 1982 dejamos vivir y regresaron por nosotros.

Notas

Capítulo 1

1. «Ebrard le abre paso a AMLO», *El Economista*, 15 de noviembre de 2011, disponible en https://www.eleconomista.com.mx/politica/Ebrard-le-abre-paso-a-AMLO-20111115-0090.html

Capítulo 2

2. Sobre las reformas, su contenido, su importancia para el desarrollo económico y los efectos de su aprobación, ver Macario Schettino, *El fin (y el regreso) de la confusión*, Paidós, México, 2022.

3. Gaspar Cabrera, Daniel Lizárraga, Irving Huerta y Sebastián Barragán, «La casa blanca de Peña Nieto», *CONNECTAS*, disponible en https://www.connectas.org/la-casa-blanca-de-pena-nieto-2/

4. Auditoría Superior de la Federación, «Informe Individual del Resultado de la Fiscalización Superior de la Cuenta Pública 2019», Grupo Aeroportuario de la Ciudad de México, Auditoría a la Suspensión y Cierre del Proyecto del Nuevo Aeropuerto Internacional de la Ciudad de México (Texcoco), Auditoría de Desempeño: 2019-2-09KDH-07-1394-2020. 1394-DE, disponible en https://www.asf.gob.mx/Trans/Informes/IR2019c/Documentos/Informes_simplificados/2019_ficha_DE_a.pdf

5. Para un dato actualizado al 17 de abril: Sebastián Garrido, «¿Despegará el Aeropuerto Internacional Felipe Ángeles? Actualización al 17 de abril de 2022», *Nexos*, taller de datos, disponible en: https://datos.nexos.com.mx/despegara-el-aeropuerto-internacional-felipe-angeles-actualizacion-al-17-de-abril-de-2022/?_gl=1*hjjqkd*_ga*OTg-5NzU5NTcwLjE2NTA1ODIxMzg.*_ga_M343X0P3QV*MTY1MDU4MjEzOC4xLjAuMTY1MDU4MjEzOC42MA

6. Antonio López, «El Aeropuerto Felipe Ángeles acaba por costar 116 mil mdp», *El Universal*, disponible en https://www.eluniversal.com.mx/nacion/el-aeropuerto-felipe-angeles-acaba-por-costar-116-mil-mdp

7. Neldy San Martín, «Federación internacional de pilotos alerta sobre incidentes en el AICM tras la apertura del AIFA», *Proceso*, 5 de mayo de 2022, disponible en https://www.proceso.com.mx/nacional/2022/5/5/federacion-internacional-de-pilotos-alerta-sobre-incidentes-en-el-aicm-tras-la-apertura-del-aifa-285463.html

8. «Gobierno niega riesgos en el AICM y AIFA, pese a alertas», *Forbes,* 7 de mayo de 2022, disponible en https://www.forbes.com.mx/gobierno-niega-riesgos-en-el-aicm-y-aifa-pese-a-alertas/

CAPÍTULO 3

9. Ver Macario Schettino, *Cien años de confusión*, Paidós, México, 2021.

10. Por ejemplo, Rolando Cordera y Carlos Tello, *México: la disputa por la nación. Perspectivas y opciones del desarrollo*, Siglo XXI, México, 2011.

CAPÍTULO 4

11. En realidad sí existen parques solares y eólicos ya listos para generar esa electricidad, pero no se les ha permitido entrar en operación.

12. Enrique Diaz-Infante Chapa, «Pensiones CFE y reforma eléctrica», *Reforma*, 15 de abril de 2022.

13. Karol García, «Juez otorga amparo contra política de Sener que restringe renovables», *El Economista*, 22 de noviembre de 2020.

14. David Saúl Vela, «Estos son los puntos que la Suprema Corte invalidó sobre la política energética de Nahle», *El Financiero*, 3 de febrero de 2021.

15. Gabriel Contreras Saldívar, «La industria eléctrica y el ábaco judicial», *Nexos*, 16 de abril de 2022.

CAPÍTULO 5

16. Emiliano Monroy-Ríos, «Por las rutas del Tren Maya», 4 de agosto de 2019, disponible en https://sites.northwestern. edu/monroyrios/2019/08/04/rutas-01/#.Yphn_C9t9QI

17. «Ivonne Ortega: El tren rápido es un proyecto totalmente viable», *NotiRasa*, 22 de mayo de 2012, disponible en https://notirasa.com/noticia/ivonne-ortega-el-tren-rapido-es-un-proyecto-totalmente-viable/10952

18. «Ya no habrá Tren Transpeninsular: cancelan el proyecto de Ivonne Ortega», *La vieja vanguardia*, febrero de 2015, disponible en https://laviejaguardia.com.mx/noticias/ya-no-habra-tren-transpeninsular-cancelan-el-proyecto-de-ivonne-ortega

19. «El Tren Maya tiene una cuarta parte construida y casi 20% de gasto», *Expansión*, 14 de febrero de 2022, disponible en https://obras.expansion.mx/infraestructura/2022/02/14/tren-maya-tiene-una-cuarta-parte-construida-casi-20-de-gasto

20. Jesús Vázquez, «Fonatur confirma el séptimo cambio en el trazo del Tren Maya», *El Economista*, 20 de enero de 2022, disponible en https://www.eleconomista.com.mx/estados/Fonatur-confirma-el-septimo-cambio-en-el-trazo-del-Tren-Maya-20220120-0010.html

21. Ana Thaís Martínez Palacios, Nota técnica: Proyecto del Tren Maya, Instituto Mexicano para la Competitividad, 6 de marzo de 2019, (IMCO).

22. «Tren Maya, el proyecto estrella avanza sin brújula», *Arena Pública*, 31 de enero de 2022, disponible en https://www.arenapublica.com/politicas-publicas/tren-maya-el-proyecto-estrella-avanza-sin-brujula

23. Marco Garza, «El Corredor Transístmico: Una nueva ruta», *El Financiero*, 25 de febrero de 2022, disponible en https://www.elfinanciero.com.mx/opinion/marco-garza-campos/2022/02/25/el-corredor-transistmico-una-nueva-ruta/

24. Italia López, «Corredor Transístmico: así avanza el proyecto que busca conectar el Atlántico y el Pacífico», *El CEO*, 10 de febrero de 2022, disponible en https://elceo.com/bienes-raices/corredor-transistmico-asi-avanza-el-proyecto-que-busca-al-fin-conectar-en-atlantico-y-pacifico/

25. Cesop, Cámara de Diputados, Carpeta informativa 119, «El proyecto del tren transístmico», julio de 2019.

26. «México prepara adjudicación de ferrovía a nueva terminal

en puerto de Coatzacoalcos», *BNamericas*, 3 de enero de 2022, disponible en https://www.bnamericas.com/es/noticias/mexico-prepara-adjudicacion-de-ferrovia-a-nueva-terminal-en-puerto-de-coatzacoalcos

27. Mario Vázquez, «Corredor Transístmico: ¿realidad u otro proyecto más?», *Real Estate Market & Lifestyle*, 11 de enero de 2022, disponible en https://realestatemarket.com.mx/noticias/infraestructura-y-construccion/36151-corredor-transistmico-realidad-u-otro-proyecto-mas

28. «Crimen organizado retrasa hasta 15 meses Corredor Transístmico», *Arena Pública*, 13 de febrero de 2022, disponible en https://www.arenapublica.com/politicas-publicas/crimen-organizado-retrasa-hasta-15-meses-corredor-transistmico

29. Gonzalo Hernández Licona, «Traicionando el lema», *Reforma*, 3 de agosto de 2021.

30. *Idem.*

31. «Jóvenes Construyendo el Futuro puede aumentar la deserción escolar: Coneval», *Etcétera*, 9 de febrero de 2021, disponible en https://www.etcetera.com.mx/nacional/jovenes-construyendo-futuro-aumentar-desercion-escolar-coneval/

32. Consejo Nacional de Evaluación de la Política de Desarrollo Social, Evaluación de Diseño con trabajo de campo del Programa Jóvenes Construyendo el Futuro 2019-2020, Ciudad de México, Coneval, 2020, Anexo D, p. 88.

33. *Ibid.*, p. 94.

34. *Ibid.*, p. 98.

35. *Etcétera, op. cit.*

36. Consejo Nacional de Evaluación de la Política de Desarrollo Social, Informe de Evaluación de la Política de Desarrollo Social 2020, Ciudad de México, Coneval, 2021, pp. 165-166.

37. Jessica Ignot, «Sembrando Vida "extingue" al Pico», *El Mundo*, 20 de marzo de 2022, disponible en https://www.diarioelmundo.com.mx/index.php/2022/03/20/sembrando-vida-extingue-al-pico-2/

38. Rosalía Maldonado, «Sembrando Vida tiene riesgos, dice Carabias», *El Sol de Hidalgo*, 10 de abril de 2022, disponible en https://www.elsoldehidalgo.com.mx/local/sembrando-vida-tiene-riesgos-dice-carabias-8098150.html

39. Consejo Nacional de Evaluación de la Política de Desarrollo Social, Evaluación de Diseño con Trabajo de Campo del Programa Sembrando Vida 2019-2020, Ciudad de México, Coneval, 2020, Anexo D, p. 77.

40. *Ibid.*, p. 79.

41. Katya Rodríguez Gómez, «De Progresa-Oportunidades-Prospera a las Becas Benito Juárez: un análisis preliminar de los cambios en la política social en el sexenio 2018-2024 en México», *Revista Mexicana de Análisis Político y Administración Pública*, vol. IX, núm. 1, enero-junio de 2020, pp. 81-91.

42. Xavier Tello, *La tragedia del desabasto*, Planeta, México, 2022, pp. 28-32.

43. *Ibid.*, pp. 87 y 116.

44. *Ibid.*, p. 123.

45. *Ibid.*, pp. 61 y 124.

46. *Ibid.*, p. 129.

47. *Ibid.*, p. 131.

48. Laurie Ann Ximénez-Fyvie, *Un daño irreparable: La criminal gestión de la pandemia en México*, Planeta, México, 2021
49. Tello, *op. cit.*, p. 45.

CAPÍTULO 6
50. Desarrollé este tema en una de las entregas de «Análisis semanal» en *Patreon*, «Dilapidando la herencia», 5 de septiembre de 2021, disponible en https://www.patreon.com/posts/55765853

CAPÍTULO 7
51. Economist Intelligence Unit, Global Democracy Index.
52. Almudena Barragán, «José Luis Vargas renuncia a la presidencia del Tribunal Electoral», *El País*, 9 de agosto de 2021, disponible en https://elpais.com/mexico/2021-08-10/jose-luis-vargas-renuncia-a-la-presidencia-del-tribunal-electoral.html
53. Ciro Murayama, «La captura del Congreso por Morena», *Nexos*, 1º de julio de 2019, disponible en https://www.nexos.com.mx/?p=43100
54. Además de mis colaboraciones en *El Financiero* y en el podcast *Fuera de la caja*, con todo detalle en mi libro *El fin de la confusión*, y en prensa.
55. «SCJN invalida la prohibición de diez años para que exfuncionarios trabajen en IP», *Expansión*, 4 de abril de 2022, disponible en https://politica.expansion.mx/mexico/2022/04/04/corte-invalida-prohibicion-10-a%C3%B1os-funcionarios-ip
56. Henry Hazlitt, *La economía en una lección*, Unión Editorial, Madrid, 1979, p. 17.

57. Alejandro Hope, «¿Abrazos y no balazos?», *El Universal*, 16 de mayo de 2022, disponible en https://www.eluniversal.com.mx/opinion/alejandro-hope/abrazos-y-no-balazos

Fuentes

Auditoría Superior de la Federación, «Informe Individual del Resultado de la Fiscalización Superior de la Cuenta Pública 2019», Grupo Aeroportuario de la Ciudad de México, Auditoría a la Suspensión y Cierre del Proyecto del Nuevo Aeropuerto Internacional de la Ciudad de México (Texcoco), Auditoría de Desempeño: 2019-2-09KDH-07-1394-2020. 1394-DE, disponible en https://www.asf.gob.mx/Trans/Informes/IR2019c/Documentos/Informes_simplificados/2019_ficha_DE_a.pdf

Barragán, Almudena, «José Luis Vargas renuncia a la presidencia del Tribunal Electoral», *El País*, 9 de agosto de 2021, disponible en https://elpais.com/mexico/2021-08-10/jose-luis-vargas-renuncia-a-la-presidencia-del-tribunal-electoral.html

Cabrera, Gaspar; Lizárraga, Daniel Lizárraga, Irving Huerta y Sebastián Barragán, «La casa blanca de Peña Nieto», *CONNECTAS*, disponible en https://www.connectas.org/la-casa-blanca-de-pena-nieto-2/

Cesop, Cámara de Diputados, Carpeta informativa 119, «El proyecto del tren transístmico», julio de 2019.

Consejo Nacional de Evaluación de la Política de Desarrollo Social, Evaluación de diseño con trabajo de campo del programa Jóvenes Construyendo el Futuro 2019-2020. Ciudad de México, Coneval, 2020, Anexo D

——, Evaluación de diseño con trabajo de campo del programa Sembrando Vida 2019-2020, Ciudad de México, Coneval, 2020, Anexo D.

——, Informe de evaluación de la Política de Desarrollo Social 2020, Ciudad de México, Coneval, 2021.

CONTRERAS SALDÍVAR, GABRIEL, «La industria eléctrica y el ábaco judicial», *Nexos,* 16 de abril de 2022.

CORDERA, ROLANDO, Y CARLOS TELLO, *México: la disputa por la nación. Perspectivas y opciones del desarrollo,* Siglo XXI, México, 2011.

«CRIMEN ORGANIZADO RETRASA HASTA 15 MESES CORREDOR TRANSÍSTMICO», *Arena Pública,* 13 de febrero de 2022, disponible en https://www.arenapublica.com/politicas-publicas/crimen-organizado-retrasa-hasta-15-meses-corredor-transistmico

DIAZ-INFANTE CHAPA, ENRIQUE, «Pensiones CFE y reforma eléctrica», *Reforma,* 15 de abril de 2022.

«EBRARD LE ABRE PASO A AMLO», en *El Economista,* 15 de noviembre de 2011, disponible en https://www.eleconomista.com.mx/politica/Ebrard-le-abre-paso-a-AMLO-20111115-0090.html

ECONOMIST INTELLIGENCE UNIT, GLOBAL DEMOCRACY INDEX

«EL TREN MAYA TIENE UNA CUARTA PARTE CONSTRUIDA Y CASI 20% DE GASTO», *Expansión,* 14 de febrero de 2022, disponible en https://obras.expansion.mx/infraestructura/2022/02/14/tren-maya-tiene-una-cuarta-parte-construida-casi-20-de-gasto

GARCÍA, KAROL, «Juez otorga amparo contra política de Sener que restringe renovables», *El Economista,* 22 de noviembre de 2020.

GARRIDO, SEBASTIÁN, «¿Despegará el Aeropuerto Internacional Felipe Ángeles? Actualización al 17 de abril de 2022», *Nexos*, taller de datos, disponible en: https://datos.nexos.com.mx/despegara-el-aeropuerto-internacional-felipe-angeles-actualizacion-al-17-de-abril-de-2022/?_gl=1*hjjqkd*_ga*OTg-5NzU5NTcwLjE2NTA1ODIxMzg.*_ga_M343X0P3QV*MTY1MDU4MjEzOC4xLjAuMTY1MDU4MjEzOC42MA.

GARZA, MARCO, «El Corredor Transístmico: Una nueva ruta», *El Financiero*, 25 de febrero de 2022, disponible en https://www.elfinanciero.com.mx/opinion/marco-garza-campos/2022/02/25/el-corredor-transistmico-una-nueva-ruta/

«GOBIERNO NIEGA RIESGOS EN EL AICM Y AIFA, PESE A ALERTAS», *Forbes*, 7 de mayo de 2022, disponible en https://www.forbes.com.mx/gobierno-niega-riesgos-en-el-aicm-y-aifa-pese-a-alertas/

HAZLITT, HENRY, *La economía en una lección*, Unión Editorial, Madrid, 1979.

HERNÁNDEZ LICONA, GONZALO, «Traicionando el lema», *Reforma*, 3 de agosto de 2021.

HOPE, ALEJANDRO, «¿Abrazos y no balazos?», *El Universal*, 16 de mayo de 2022, disponible en https://www.eluniversal.com.mx/opinion/alejandro-hope/abrazos-y-no-balazos

IGNOT, JESSICA, «Sembrando Vida "extingue" al Pico», *El Mundo*, 20 de marzo de 2022, disponible en https://www.diarioelmundo.com.mx/index.php/2022/03/20/sembrando-vida-extingue-al-pico-2/

«Ivonne Ortega: El tren rápido es un proyecto totalmente viable», 22 de mayo de 2012, disponible en https://notirasa.

com/noticia/ivonne-ortega-el-tren-rapido-es-un-proyecto-totalmente-viable/10952

«Jóvenes Construyendo el Futuro puede aumentar la deserción escolar: Coneval», *Etcétera*, 9 de febrero de 2021, disponible en https://www.etcetera.com.mx/nacional/jovenes-construyendo-futuro-aumentar-desercion-escolar-coneval/

López, Antonio, «El Aeropuerto Felipe Ángeles acaba por costar 116 mil mdp», *El Universal*, disponible en https://www.eluniversal.com.mx/nacion/el-aeropuerto-felipe-angeles-acaba-por-costar-116-mil-mdp

López, Italia, «Corredor Transístmico: así avanza el proyecto que busca al fin conectar el Atlántico y el Pacífico», *El CEO*, 10 de febrero de 2022, disponible en https://elceo.com/bienes-raices/corredor-transistmico-asi-avanza-el-proyecto-que-busca-al-fin-conectar-en-atlantico-y-pacifico/

Maldonado, Rosalía, «Sembrando Vida tiene riesgos, dice Carabias», *El Sol de Hidalgo*, 10 de abril de 2022, disponible en https://www.elsoldehidalgo.com.mx/local/sembrando-vida-tiene-riesgos-dice-carabias-8098150.html

Martínez Palacios, Ana Thaís, *Nota técnica: Proyecto del Tren Maya*, Instituto Mexicano para la Competitividad (IMCO).

«México prepara adjudicación de ferrovía a nueva terminal en puerto de Coatzacoalcos», *BNamericas*, 3 de enero de 2022, disponible en https://www.bnamericas.com/es/noticias/mexico-prepara-adjudicacion-de-ferrovia-a-nueva-terminal-en-puerto-de-coatzacoalcos

Monroy-Ríos, Emiliano, «Por las rutas del Tren Maya», 4 de agosto de 2019, disponible en https://sites.northwestern.edu/

monroyrios/2019/08/04/rutas-01/#.Yphn_C9t9QI

MURAYAMA, CIRO, «La captura del Congreso por Morena», *Nexos*, 1° de julio de 2019, disponible en https://www.nexos. com.mx/?p=43100

RODRÍGUEZ GÓMEZ, KATYA, «De Progresa-Oportunidades-Prospera a las Becas Benito Juárez: un análisis preliminar de los cambios en la política social en el sexenio 2018-2024 en México», *Revista Mexicana de Análisis Político y Administración Pública*, vol. IX, núm. 1, enero-junio de 2020

SAN MARTÍN, NELDY, «Federación internacional de pilotos alerta sobre incidentes en el AICM tras la apertura del AIFA», *Proceso*, 5 de mayo de 2022, disponible en https://www.proceso. com.mx/nacional/2022/5/5/federacion-internacional-de-pilotos-alerta-sobre-incidentes-en-el-aicm-tras-la-apertura-del-aifa-285463.html

SCHETTINO, MACARIO, *El fin (y el regreso) de la confusión*, Paidós, México, 2022.

——, «Análisis semanal» *Patreon*, «Dilapidando la herencia», 5 de septiembre de 2021, disponible en https://www.patreon. com/posts/55765853

——, *Cien años de confusión*, Paidós, México, 2021.

——, *Fuera de la caja*, podcast, https://podcasts.apple.com/mx/ podcast/fuera-de-la-caja-con-macario-schettino/id1412113523

«SCJN INVALIDA LA PROHIBICIÓN DE DIEZ AÑOS PARA QUE EXFUNCIONARIOS TRABAJEN EN IP», *Expansión*, 4 de abril de 2022, disponible en https://politica.expansion.mx/mexico/2022/04/04/corte-invalida-prohibicion-10-a%C3%B1os-funcionarios-ip

Tello, Xavier, *La tragedia del desabasto*, Planeta, México, 2022.

«Tren Maya, el proyecto estrella avanza sin brújula», *Arena Pública*, 31 de enero de 2022, disponible en https://www.arenapublica.com/politicas-publicas/tren-maya-el-proyecto-estrella-avanza-sin-brujula

Vázquez, Jesús, «Fonatur confirma el séptimo cambio en el trazo del Tren Maya», *El Economista,* 20 de enero de 2022, disponible en https://www.eleconomista.com.mx/estados/Fonatur-confirma-el-septimo-cambio-en-el-trazo-del-Tren-Maya-20220120-0010.html

Vázquez, Mario, «Corredor Transístmico: ¿realidad u otro proyecto más?», *Real Estate Market & Lifestyle,* 11 de enero de 2022, disponible en https://realestatemarket.com.mx/noticias/infraestructura-y-construccion/36151-corredor-transistmico-realidad-u-otro-proyecto-mas

Vela, David Saúl, «Estos son los puntos que la Suprema Corte invalidó sobre la política energética de Nahle», *El Financiero,* 3 de febrero de 2021.

Ximénez-Fyvie, Laurie Ann, *Un daño irreparable: La criminal gestión de la pandemia en México*, Planeta, México, 2021.

«Ya no habrá Tren Transpeninsular: cancelan el proyecto de Ivonne Ortega», *La vieja vanguardia,* febrero de 2015, disponible en https://laviejaguardia.com.mx/noticias/ya-no-habra-tren-transpeninsular-cancelan-el-proyecto-de-ivonne-ortega